통일농업 성장보고서(1991-2009)

서울대학교통일학연구총서 17

통일농업 성장보고서(1991-2009)

남북농업 교류협력 평가와 발전방향

펴낸곳 서울대학교출판문화원
펴낸이 오연천
지은이 최정남·김완배·리금·최장호

초판 1쇄 인쇄 2012년 4월 14일
초판 1쇄 발행 2012년 4월 28일
출판등록 제15-3호

주소 서울 관악구 관악로 1 우편번호 151-742
대표전화 02-880-5252 **팩스** 02-888-4148
마케팅팀(주문상담) 02-889-4424, 02-880-7995
이메일 snubook@snu.ac.kr
홈페이지 www.snupress.com
영문홈페이지 eng.snupress.com

ISBN 978-89-521-1304-7 94520
978-89-521-1029-9 (세트)

서울대학교통일학연구총서 17

통일농업 성장보고서(1991–2009)

남북농업 교류협력 평가와 발전방향

최정남·김완배·리금·최장호

서울대학교출판문화원

Towards a Successful Inter-Korean Cooperation for Agricultural Development of North Korea: An Evaluation and an Approach

Jeong Nam Choi
Wanbae Kim
Jin Li
Jangho Choi

Seoul National University Press

서울대학교통일학연구총서를 내면서

냉전체제가 와해되고 남북교류가 증대하면서 21세기 한반도의 창조적 미래구상이 절실히 요청되고 있다. 우리의 희망과는 달리 남북관계는 여전히 불안정하고 국제정세 또한 유동적이지만, 상호적대적인 분단체제는 더 이상 유지되기 어려운 상황임이 분명하다. 민주화와 경제발전을 성공적으로 이룩한 우리 사회의 역량을 바탕으로 이제 통일한국의 미래를 기획하고 추진하는 일이 핵심적인 시대적 과제로 부각되고 있다.

어떤 형태의 통일이 바람직할 것인가에 대해 완전한 합의를 얻기는 쉽지 않다. 통일이 이루어질 시기를 예측하기도 어려우며, 통일과정이 반드시 점진적이거나 평화적일 것이란 보장도 없다. 우리가 원치 않는 방식으로 통일문제에 맞부딪치게 될 가능성도 얼마든지 있다. 그럼에도 불구하고, 아니 그렇기 때문에 통일에 대한 연구는 더욱 총체적인 시야에서 체계적으로 이루어져야 한다. 실제로 통일과정에 돌입했을 때 그 전 과정을 적절히 관리할 역량이 갖추어지지 못하면 오히려 심각한 갈등과 후유증을 겪을 우려가 크기 때문이다.

통일논의가 구체화되고 정책적 실현가능성이 높아지면 질수록 그에 적합한 전문성과 책임성을 갖추기 위해 노심초사해야 하는 것이 한국 지식인의 책무일 것이다. 반세기 이상 남북한 주민들이 경험해온 상이한 제도와 관행을 적절히 통합하고 전쟁의 상처와 오랜 대립에서 비롯되는 적대감과 이질성을 극복하기 위해서는 고도의 전문성과 기획력이 무엇보다도 필요하다. 한반도 통일을 바람직한 동북아 지역질서와 연계시키고 보다 나은 공동체를 구현하는 일도 지식인들의 높인 식견과 섬세한 대응역량이 없이는 불가능하다.

서울대학교는 2003년부터 통일학 연구 지원 사업을 시작하였고, 우리 사회의 지적 대응능력을 키우는 데 진력하고 있다. 서울대학교의 통일연구 사업은 북한에 대한 지역연구 차원을 넘어서 통일과정 전반에서 고려되어야 할 쟁점들을 학제적으로 분석하는 데 목적을 둔다. 따라서 정치, 경제, 사회, 역사, 문화, 환경의 영역은 물론이고 농학과 의학, 과학기술과 예술 및 체육에 이르기까지 광범위한 영역을 포괄한다. 이 일을 총괄하는 서울대학교 통일평화연구원은 국내외의 연구기관 및 연구자들과 교류하면서 종합학문으로서의 통일학을 정립하고자 애쓰고 있다.

서울대학교 통일학 연구총서는 이러한 학문적 노력의 결실이다. 이 신서가 우리 시대 최대의 과제인 분단극복과 통일한국을 향한 역사적 장정에 긴요한 지적 자산이 되기를 기대한다. 또한 소모적인 이념 논란을 지양하고 창조적인 대안과 정책적 지혜를 탐색하는 이성적 도구로 활용되기를 바란다. 끝으로 통일 연구의 시대사적 중요성을 인식하고 서울대학교 통일연구 사업의 제도적 바탕을 마련해주신 정운찬 전 총장님과 변함없이 이 연구 사업을 지원, 격려해주신 이장무 전 총장님, 그리고 종전의 통일평화연구소를 통일평화연구원으로 승격하여 새로운 도약과 발전의 기틀을 마련해주신 오연천 총장님께 깊은 감사를 표한다.

2011년 9월

서울대학교 통일평화연구원

머리말

남과 북으로 영토가 분단된 지 67년째 되는 임진년 새해가 밝았다. 인생으로 치면 환갑을 넘어 칠순을 향하는 긴 시간이다. 길고 긴 분단의 세월 동안 우리가 겪은 제일 큰 절망이 6·25 동족상잔이라면, 제일 큰 희망을 안겨준 것은 2000년에 성사된 남북정상회담일 것이다. 실로 2000년 이후 남과 북은 지난 반세기 동안에는 꿈조차 꿀 수 없었던 많은 일을 경험했다. 식량, 비료 등 인도적 대북 지원이 활발히 전개되었고 국민들은 금강산을 자유로이 오갔다. 남한의 기업들이 개성공단에 둥지를 틀었으며, 민간단체, 지자체는 북한과의 교류협력사업을 먼저 추진하려고 서로 경쟁하였다.

다양한 분야 중에서도 특히 농업분야의 지원과 교류협력이 가장 왕성하게 이루어졌다. 북한 식량난과 직결된 분야였기 때문이다. 북한농업의 생산성을 높이려 자재와 물자를 지원해주고, 씨감자 재배기술을 보급하는 한편, 금강산과 개성의 협동농장에서 남과 북이 공동으로 영농을 했다. 서로 다른 체제와 분리된 세월이 낳은 이질감으로 인해 비록 서툴고 엉성한 면이 있었을지언정 전체적인 관점에서 보면 통일 후 농업까지도 조망할 수 있는 매우 소중한 만남이자 경험이었다.

역사는 반복된다. 똑같은 형태는 아니지만 비슷한 형태로 반복된다고 한다. 반복되는 역사에서 같은 실수를 되풀이하지 않기 위해 우리는 늘 과거에서 교훈을 찾고 미래를 설계하곤 한다. 2000년 이후 활발히 전개되었던 북한농업 지원사업과 남북농업 교류협력사업을 평가해보고자 했던 이유 역시 바로 그 때문이다. 더불어 분단 역사상 최초로 경험하였던 소중한 일들이 남북관계의 정치적 상황에 이끌려 또다시 단절의 소용돌이에 묻혀버릴 것 같은 두려움도 본 연구의 큰 배경이 되었다.

서울대학교 통일학 연구사업의 일환으로 <북한농업 지원사업과 남북농업 교류협력사업 평가와 전망> 연구를 마무리한 지 벌써 2년 여의 시간이 흘렀다. 우려했던 대로 남북의 통일 시계는 다시 원점으로 와 있는 듯하다. 그처럼 열심히 교류하고 협력했던 시간이 무색할 정도로 남북관계는 냉각되어 있다. 역사의 부침과 반복에도 아랑곳하지 않고 세대는 끊임없이 교체되어 간다. 그와 함께 분단에 대한 감각도, 통일에 대한 희망도 갈수록 무뎌지고 있음을 느낀다. 2년여 전의 연구결과를 지금 출판해도 무리가 없을 정도로 그간 남북관계가 정체되어 왔다는 현실이 가슴 아플 뿐이다. 부끄러움을 무릅쓰고 졸저를 펴내고자 하는 이유는 가까운 미래에 조금이나마 요긴하게 쓰일지도 모른다는 기대 때문이다.

본 연구를 수행할 수 있도록 지원해주고, 출판을 허락해준 서울대학교 통일평화연구원과 졸저의 출판을 맡아 수고해주신 서울대학교출판문화원 김선래 선생님께 감사의 인사를 드린다.

농업분야의 남북공동 협력과 지속적 발전을 기대하며
저자 대표 최정남

차례

제5장 향후 전개방향 및 활성화 대책

제6장 요약 및 결론

표 차례

그림 차례

제1장 서론

1. 연구의 필요성

1990년대 들어 본격화된 북한농업 지원은 2000년 「6·15 남북공동선언」과 2007년 「10·4 정상선언」 등을 거치면서 인도적 차원에서 벗어나 북한농업 개발로 발전되고 있으며, 동시에 농업분야의 경제협력 활성화를 위한 방안이 다각도로 모색되고 있다. 이러한 변화는 북한농업의 발전과 남북농업 교류협력의 활성화를 위한 매우 바람직한 방향으로 평가된다(한국농촌경제연구원 2007). 그러나 2009년 현재 북한체제의 폐쇄성과 통제성 및 남한정부의 대북 정책 변화 등 북한농업 지원 및 남북농업 교류협력사업에 큰 장애가 조성되고 있다.

북한농업 지원사업의 경우 공적개발원조(ODA)의 형태로 진행되는 다른 개도국과는 달리 매우 독특한 특성들이 있다. 이는 남북의 특수한 관계는 물론 수혜자의 적극성, 주도성 측면에서도 아주 특별한 경우에 해당된다고 볼 수 있다. 북한의 제반 여건들을 고려해볼 때 시장경제로의 전환이 시작되지 않은 지금, 외부세계와의 교류에 극히 제한적으로 임하는 한계점들은 불가피한 상황으로 이해될 수도 있다. 그러나 이러한 점들은 북한농업 지원사업이 실질적인 성과를 거두는 데 한계로 작용한다. 더불어 남북농업 교류협력의 발전을 통한 상생과 공영의 목적이 달성되는 데 있어서도 큰 걸림돌이 된다. 한편

2000년도 남북정상회담을 계기로 활발해질 것으로 예측되었던 농업분야의 투자사업이나, 계약재배 등의 협력사업, 학술 및 사회·문화 교류사업 역시 획기적인 돌파구를 찾지 못하고 정체되고 있는 실정이다.

그 결과 북한농업 지원 및 남북농업 교류협력사업이 전개된 지 10여 년이 지난 오늘날에도 여전히 북한의 농업 생산 수준 및 주민들의 생활여건은 매우 열악한 상황이며, 교류협력을 통한 상호 이해증진 및 공동의 경제적 이익 추구실적 역시 미미한 수준에 머물러 있다. 이러한 상황은 2000년대에 진행된 바 있거나, 현재 진행 중인 농업분야에서 남북한 간에 행해지는 각종 행위들에 대한 평가가 필요함을 말해준다. 즉 그간의 평가를 통해 성과와 한계를 명확히 파악하는 한편, 향후 남북경제공동체 형성에 기여하는 남북농업 교류협력의 역할과 모습을 보다 현실화·구체화해야 할 시점이 된 것이다.

2. 연구의 목적 및 내용

본 연구는 그간 진행되어온 북한농업 지원 및 남북농업 교류협력사업을 평가함으로써 상기 사업들의 현재적 위치와 과제를 파악하고, 교류협력의 활성화를 저해하는 요인들을 도출하는 것을 목적으로 한다. 이를 통해 북한농업 지원 및 남북농업 교류협력사업의 발전을 가로막는 저해요인을 명확히 구분하고, 이의 개선방안을 제시하고자 한다. 이러한 평가과정은 대북 농업 지원 및 남북농업 교류협력이 실질적인 효과를 나타내며 더욱 발전하는 데 기여할 것으로 기대된다.

이러한 목적 하에 본 연구는 먼저, 북한농업 지원 및 남북농업 교류협력에 대한 용어 정의를 분명히 하고자 한다. 지원 및 교류협력은 상호 밀접한 관련을 지니고 있지만 그 목적과 내용에서 쓰임새를 명확히 하지 않으면 논의 전개에 있어 혼동을 불러일으킬 수 있기 때문이다. 다음으로, 북한농업 지원과 남북농업 교류협력사업의 현황을 각각 살펴볼 것이다. 그 이후 각 사업의 평가기준을 마련하여 이를 토대로 각 사업에 대한 평가를 진행하고자 한다. 마지막으로 평가 내용을 종합, 정리하면서 향후 전망 및 과제를 도출할 것이다.

3. 연구방법

본 연구를 수행하기 위한 기본적인 방법은 문헌 연구이다. 가장 중요한 문헌으로는 남북협력기금 운용을 통해 축적된 정부의 자료와 우리의 민간단체, 국제기구 등이 작성한 대북사업평가 자료를 들 수 있다. 특히 북한농업 연구기관에서 발행한 각종 평가자료 및 세미나 자료들은 매 시기 사업에 대한 설명과 성과 및 한계를 다루고 있는 만큼 연구대상으로서의 충분한 가치를 지니고 있다.

한편, 대북사업의 특성상 문헌 및 자료를 통해 모든 것을 파악하기는 쉽지 않다. 따라서 그간 북한농업과 관련된 각종 지원 및 교류협력사업에 종사해온 사업담당자 및 전문가들을 대상으로 한 면담조사 진행은 필수적이다. 사업담당자 및 전문가들과의 면담조사를 통해 북한농업 지원 및 남북농업 교류협력사업의 추진과정에 대한 설명을 풍부하게 하고, 평가 및 발전방향에 대한 의견을 폭넓게 수렴하고자 한다.

4. 선행연구 검토 및 본 연구의 차별성

남북농업 교류협력에 대해서는 그간 한국농촌경제연구원, 통일연구원, 각 사업 추진체 등이 중심이 되어 연구해 왔다. 남북농업 교류협력과 관련한 주요 연구기관과 연구자로는 통일농수산포럼(2001), 권태진·김영훈(2007), 김영훈 편(2007), 최수영(2002), 신동완 외(2000)를 들 수 있다. 신동완 외(2000), 최수영(2002), 통일농수산포럼(2001) 등은 남북농업 교류협력에 대한 구체적 검토를 담고 있으나, 북한의 「7·1 경제관리개선 조치」 이후 더욱 본격화된 사업들에 대한 평가를 담지는 못한 것에 그 한계가 있다. 7·1 경제관리개선 조치는 북한체제의 새로운 변화와 시도를 뜻하는 중요한 기준이 될 수 있다. 따라서 이 조치는 그간 전개되어온 북한농업 지원 및 남북농업 교류협력사업의 발전경로에서 중요한 변곡점이 될 가능성 또한 매우 높다 할 것이다. 그러므로 7·1 조치 이전의 활동에 대한 분석은 그만큼의 한계를 지닐 수밖에 없다.

7·1 조치 이후의 대표적인 연구로는 김영훈 편(2007)을 들 수 있다. 김영훈 편(2007)의 경우 지난 10년간의 남북농업 교류협력의 성과와 과제를 검토하여 한층 더 발전된 방향을 제시한다는 점에서 큰 의미를 지닌다. 단, 큰 방향성을 제시하되 나머지 세부적인 사업의 진행과정과 성과 및 한계에 대해서는 간략히 소개하는 수준에 그치고 있다. 한편 권태진, 김영훈(2007)의 연구는 그간의 북한농업 지원을 개발협력과 연계시킨 대표적인 경우이다. 권태진, 김영훈(2007)은 개발협력에 대한 이론적 고찰 등을 통해 남북농업 개발협력의 추진체계와 추진절차를 정립하는 등 농업 개발협력의 활성화를 위한 소중한 제안을 담고 있다는 측면에서 큰 의미를 지닌다. 그러나 이론적, 거시적인 접근을 통해 각 개발협력사업의 추진방식에 대한 일반론을 주로 검토한 까닭에 그간 북한농업 개발협력 경험에 대한 구체적인 평가 및 과제에 대한 분석연구는 취약한 편이다. 한편 통일농수산사업단(2008)의 『남북공동영농사업백서』는 비록 발간되지는 못하였으나, 그간 통일농수산사업단이 진행해온 북한농업 지원 및 남북농업 교류협력의 내용과 성과를 사실적으로 잘 담고 있다. 단, 북한농업 지원과 교류협력 등이 명확히 정의되지 않아 그간의 과정에 대한 평가 및 향후 전망에 있어 사업자체에 대한 시각에만 매몰되는 한계가 나타난다.

본 연구는 위와 같은 선행연구의 성과들을 토대로 하되, 2000년대 이후 더욱 활성화된 농업분야 남북 교류협력사업을 구체적으로 평가하고, 향후 과제를 제시하고자 한다는 데 그 차별성이 있다. 이전에도 해당 교류협력사업에 대한 평가가 시도된 것으로 보이나 각 사업 주체별로 진행되어 주관적으로 평가되었을 가능성이 높다. 따라서 개개 사업에 대한 구체적 평가보다는 북한농업 지원사업과 남북농업 교류협력사업으로 대별하여 그 성과와 한계에 대해 본격적으로 분석해보고자 한다.

한편 그동안의 남북농업 교류협력사업과 관련하여 그 논의가 일주체인 남한의 전략 및 방도에 집중되어온 경향이 있다. 본 연구는 남북교류협력의 또 다른 일주체인 북한이 그간 농업분야의 교류협력사업에 대해 어떠한 입장과 자세를 견지해 왔는지, 앞으로의 전망은 어떠한지에 대해서도 가능한 한도 내에서 평가해보고자 하였다. 그러나 현실적인 한계로 인해 어려운 점이 많은 것이 사실이다. 향후 북한 측의 입장에서 농업분야의 지원 및 교류협력에 대해 어떻게 평가해야 하는지는 향후 반드시 검토· 분석되어야 할 문제다. 본 연구에서는 평가 및 발전방향을 서술하는 과정에서 남한의 입장이 북한 측의 입장과 어떠한 차이를 보이는지, 어떠한 과정을 통해 합일점을 찾아가야 하는지를 중심에 두고, 지원사업 및 교류협력을 맞이하는 북한의 입장을 십분 반영하고자 한다.

본 연구는 북한농업 지원 및 남북농업 교류협력사업이 당면한 실질적인 문제를 검토하고, 이를 극복할 방안을 제시함으로써 북한농업 개발협력 및 남북농업 교류협력의 활성화에 실질적으로 기여할 것으로 기대된다. 특히 북한농업 지원사업은 사업 성과와 한계 평가에 대해 주관성을 극복해야 하는 과제를 안고 있다. 본 연구가 각 사업들에 대한 외부 종합평가로서 향후 객관적인 평가가 자리매김할 수 있는 토대를 닦는 데 일조할 것으로 기대된다. 더불어 그간 북한과의 협력사업을 통해 취합된 북한의 농업, 농촌에 대한 실질적인 정보들을 정리, 검토함으로써 북한 실정에 대한 이해를 높이고자 한다. 따라서 향후 북한 실정에 대한 교육 및 학습 자료로서 활용될 수 있으리라 기대된다.

제2장

용어의 정의

1. '북한농업 지원'과 '농업 교류협력'

그간 농업을 둘러싼 남북한 간의 상호행동을 나타내기 위해 지원, 교류, 협력, 교류협력, 대북사업 등의 용어가 사용되어 왔다. 교류, 협력, 또는 교류협력은 남북한 쌍방이 행동의 주체가 되는 것을 염두에 두고 사용해온 경우이고 지원, 대북사업 등의 용어는 남한의 입장에서 남한을 행동의 주인이자 주체로 보는 시각 하에 사용해온 것으로 볼 수 있다. 본 연구의 대상인 '북한농업 지원'과 '남북농업 교류협력'은 다양하게 사용되어온 용어들을 크게 두 가지로 구분하여, 현 시기 농업분야를 둘러싸고 전개되는 남북한 간의 상호행동을 대표적으로 나타내고자 채택한 개념이다.

북한농업 지원은 북한농업의 낮은 생산성이 극복될 수 있도록 수행되는 물적·기술적·제도적 지원을 총칭하는 것이다. 즉, 개발지원[1] 또는 개발협력[2]과

---

1 "대북 지원이 북한 지역의 '경제적·사회적 개선에 이바지하고, 북한경제가 지속적으로 성장하는 것을 지원하며, 궁극적으로 북한 지역의 빈곤퇴치에 이바지한다'면 이는 개발지원이라 할 수 있다." (박형중 외, 2008, p.12)

2 흔히 개발협력은 개발도상국의 경제성장이나 복지에 기여할 수 있는 '개발자원의 이전(transfer

동일한 의미를 지닌다. 따라서 이는 인도적 차원의 지원인 식량 지원3과는 분명히 다른 개념으로서 이와 동일시되어서는 곤란하다. 한편 북한농업 지원은 분단되어 있는 지금 시기는 물론 북한이 본격적인 개혁을 진행할 경우나, 향후 통일된 후에도 북한 지역의 농업발전을 위한 각종 지원 활동까지도 포함한다. 즉, 통일 전 또는 통일 후가 될 수도 있겠지만 북한 지역의 농업구조 재편이 완료되어 자체적으로 완결적인 발전구조를 갖추는 순간까지 지속적으로 지원이 필요할 것이라는 점을 염두에 둔 개념이다. 공간적으로 볼 때 남한이나 국제사회가 주체가 되어 북한 지역에서 벌이는 농업분야의 각종 개발지원 활동들이 이에 포함된다. 대표적 활동으로 비료 및 농자재 지원, 농업 생산기반 건설 및 유통시설 등에 대한 지원, 협동농장 경영 및 기술 지원, 자금 지원, 컨설팅 활동 등이 있을 수 있다.

이에 반해 남북농업 교류협력은 분단된 조건에서 남북한 간의 상호 합의에 따라 진행되는, 즉 상호성을 띤 농업분야의 제반 활동들을 지칭한다. 일반적으로 교류협력사업은 크게 경제협력사업과 사회문화협력사업으로 구분되어 정의된다. 경제협력사업은 남한과 북한의 주민(법인, 단체 포함)이 공동으로 경제적 이익을 주된 목적으로 행하는 제반 활동으로서 구체적으로는 남북 주민 간의 합작, 단독투자, 제3국과의 합작투자는 물론 북한 주민의 고용, 용역 제공, 행사 개최 및 조사·연구 활동 등의 행위 중 사업 규모나 계속성, 기타 형성되는 경제관계의 특성을 고려하여 통일부장관이 인정하는 행위를 의미한다. 한편 사회문화협력사업은 민족의 동질성 회복과 사회·문화공동체 형성을 위해 상대편 지역이나 제3국에서 당사자 간의 합의 및 계약에 따라 계획, 준비,

---

of resources for development)'을 말하며 주로 선진국이나 국제기구에서 개도국으로 일방적으로 이전되는 재원을 일컬을 때 사용되는 개념이다.

3 식량 지원은 북한농업의 개혁 및 발전과는 직접적인 연관성이 없는 활동으로 인도적 지원, 혹은 정치적 지원의 하나로 볼 수 있을 것이다. 종종 식량 지원은 북한농업 지원의 일환으로서 흔히 논의되고 있으나 엄밀한 의미에서 이는 농업 지원이라 볼 수 없다. 그러므로 '북한농업 지원'을 논할 때 식량 지원은 그 범주에서 제외하는 것이 바람직하다.

실시 및 사후처리 등이 연속성 있게 이루어지는 행위를 말한다. 이는 각 분야에서 남한과 북한의 주민이 공동으로 행하는 비영리적 활동으로서 「남북교류협력에 관한 법률」이 정한 요건과 절차에 따라 협력사업 승인을 받아 추진하는 것으로 되어 있다(통일부 www.tongtong.go.kr).

이러한 정의에서 보듯 농업 교류협력사업의 큰 특징은 남북 간의 상호성을 필요로 한다는 것이다. 즉, 어느 일방의 행동이 아닌 쌍방 간의 활동이라는 점이 강조된다. 이는 북한농업 지원사업과 구별되는 가장 큰 특징 중 하나이다. 남북농업 교류협력은 시간적 측면에서 살펴볼 때 정치적 통일을 이루는 시점

표 2-1 북한농업 지원과 남북농업 교류협력의 특징 비교

구분	북한농업 지원	남북농업 교류협력
목적	· 북한 지역의 농업개혁과 발전 · 북한농업의 낮은 생산성 향상	· 남북통일에 기여(기능주의) · 긴장 완화 및 잠재적 불안 해소 · 경제공동체 형성을 지향
주체	· 남한, 국제사회, 통일정부	· 남북한 쌍방
활동범주	· 농업 관련 물자 지원, 기술 지원, 자금 지원, 제도적 지원(식량 지원은 제외)	· 남북한 간에 상호성을 띤 농업분야의 제반 활동
활동양상	· 비료 및 농자재 지원 · 농업 생산기반 건설 및 유통시설 등에 대한 지원 · 협동농장 경영 지원 · 기술 지원 · 자금 지원 · 제도개혁 지원 · 컨설팅	· 남북한 간의 농림수산물의 교역 · 계약재배 · 농업 관련 당국 및 지자체, 민간 간의 상호방문 및 협의 · 농업분야 정보 및 학술 교류 · 공동정책의 모색
시간적 특징	· 분단 상태 및 통일 후를 포함 · 북한 지역 농업이 자체적으로 완결적인 발전구조를 가질 때까지 지속되는 활동 · 김정일체제+개혁체제+통일 후	· 분단된 조건에서 유효 · 김정일체제+개혁체제 · 정치적 통일이 달성되면 교류협력은 소멸
공간적 특징	· 북한 지역에서 진행 (남한→북한)	· 남한 및 북한 지역, 혹은 제3국에서 진행(남한↔북한)

까지 한정적으로 사용될 수 있는 용어이다. 한편 공간적 측면에서 남북농업 교류협력은 남한, 북한, 혹은 제3국에서 진행될 수 있다. 여기에는 남북 간의 농림수산물의 교역, 계약재배, 농업 관련 당국 및 지자체, 민간 간의 상호방문 및 협의, 농업분야 정보 및 학술 교류, 공동정책의 모색, 해외농업 공동개발 등이 포함된다.

한편 이와 유사한 문제의식에 기반하여 남북한 농업분야 교류협력사업을 공적인 농업협력사업과 상업적 농업협력사업으로 분류하여 분석하는 경우도 있다. 공적인 농업협력사업이란 큰 범위에서 북한농업이 안고 있는 문제를 해소하고 공동의 농업발전을 꾀하는 측면의 공적 목적으로 진행하는 사업이며, 상업적 농업협력사업이란 양측 협력 당사자 사이의 상호 경제적 이익이 목적인 협력사업의 형태로 민간이 추진하는 것을 뜻한다(권태진 2009a). 공적 농업협력은 공적 단체나 정부에 의해 수행되는 농업협력사업으로 여기에는 인도적 지원사업, 기술 교류협력사업, 농업복구 및 농촌개발협력사업 등이 속하며, 대개 북측에 대한 남측의 지원으로 이루어지게 된다. 한편 상업적 교류협력은 물자교역과 경제협력사업을 통해 이루어지는데 대개 교역은 상업적인 목적 하에 이루어지는 물자의 반입·반출을 의미하며, 경협사업은 물자 교류뿐만 아니라 인적 교류, 기술 교류, 투자 등이 수반되는 경제협력 형태를 의미한다.

이러한 구분은 이미 몇몇 글을 통해 제시되었으며, 정부 법령에서도 남북경제협력, 교류협력 등의 용어가 광범위하게 사용되고 있는 조건에서 새로운 구분을 제시하는 것의 유용성에 대한 의심도 없지 않다. 그럼에도 불구하고 약간 다른 용어정의와 행위구분을 통해 새로운 시각을 나타낼 수도 있겠다는 생각에 과감성을 발휘해보고자 하였다. 특히 아직까지 농업분야를 둘러싸고 진행되는 남북 간의 행위와 관련된 용어들이 학계에서조차 풍부하게 논의되지 않고 있기 때문에 이러한 문제에 대한 토론을 촉발시키고자 하는 의도도 작용하였다. 본 연구진이 단행한 위와 같은 용어구분이 갖는 유용성은 다음과 같다.

2. 용어구분의 유용성

통일 전 단계에서 북한농업 지원과 남북농업 교류협력은 상호 밀접한 관련을 띠고 진행되므로 양자를 명백하게 구분하기 쉽지 않다. 특히 통일 전 북한농업의 열악한 상황이 지속되는 한 북한농업 지원사업은 남북농업 교류협력의 중요한 부분으로서 역할을 한다. 그럼에도 두 용어의 쓰임새를 구분하는 것은 다음 측면에서 매우 유용할 것으로 보인다.

첫째, 현 시기 북한농업 지원사업의 지위와 역할이 매우 중요하게 대두되고 있다. 식량난 이후 북한정부의 농업 개발 필요성에 대한 인식이 강해지면서 북한농업 지원사업은 농업분야에서 진행되는 남북 간 제반 행위의 주축을 형성하고 있다.

둘째, 북한농업 지원사업에는 일반적인 의미의 남북농업 교류협력과는 구별될 만한 특성이 내재되어 있다. 즉, 교류협력의 개념에는 상대방의 현재적 조건에 대한 인정과 존중이 중요한 전제로 작용한다. 따라서 동등성, 쌍방성, 상호성 등의 의미가 내포되어 있는 다소 정적인 개념이다. 흔히 거론되곤 하는 "북한농업의 후진성으로 인해 본격적인 협력단계로 나아가려면 시간이 더 필요하다."는 말에 이러한 특성이 잘 표현되어 있다. 반면, 북한농업 지원이란 용어는 대상국(북한)의 문제에 대한 적극적 개입과 이를 통해 현재적 조건을 변화, 발전시킨다는 의미가 담긴 적극적 개념이다. 농업 지원이 단순한 물자 지원이 아닌 농업 개발지원을 의미한다고 할 때, 남북농업 교류협력과는 다른 개념적 특성이 분명히 내재되어 있다.

셋째, 농업분야에서 진행되는 남북한 간의 상호행동 및 활동에는 북한농업 지원사업 외에도 유의미한 농업분야의 교류협력사업들이 존재한다. 교역, 투자사업, 계약재배, 정보교환, 학술 교류, 인적 교류, 특정 사안에 대한 공동 대응 등이 대표적인 사례이다. 이러한 모든 활동을 포괄하여 농업 교류협력이라 칭할 수도 있겠지만 사업의 비중과 특성의 차이를 고려할 때 북한농업 지원과

그림 2-1 개성 송도리협동농장을 방문한 남한 측 지원팀(2008년)

그 밖의 농업 교류협력사업으로 구별하여 살펴볼 필요가 있는 것이다.

넷째, 북한농업 지원사업이나 남북농업 교류협력사업은 단기간에 끝낼 성질의 것이 아니다. 즉, 두 사업 모두 중장기적 관점을 갖고 접근해야 한다. 특히 북한농업 지원사업의 경우는 통일 후까지도 지속될 가능성이 높은 훨씬 장기적인 성격을 띠고 있다. 따라서 포괄적인 의미의 용어사용보다 세부적 특성을 반영하여 용어사용을 구분하는 것이 전략적·단계적 사고의 틀을 확보하는 데 유리하다.

다섯째, 지원과 교류협력에 대한 이러한 구분은 통일에 대한 관점에 따라 남북 간 상호행동에 차이가 나타날 것을 설명하는 데도 유용하다. 통일에 대한 관점은 크게 두 국가·두 체제가 상당 기간 존립하게 될 것이라는 관점과 한 국가·한 체제로의 통일이 이루어질 것이라는 관점으로 대별할 수 있다. 전자의 경우 관심사는 교류협력에 집중되며, 지원은 낮은 수준에서 제한적으로 진행될 것이다. 그렇다면 지원사업은 교류협력사업의 부속활동으로 자리매김할 가능성이 높다. 북한이 현 체제를 비교적 잘 유지하고, 발전시켜 갈 것이라는 점이 전제되어 있기 때문이다. 그러나 북한체제의 실패를 상정하고 있는 후자의 경우에서 교류협력은 단기적일 수 있다. 이 경우에는 교류협력보다 지원사업이 훨씬 중심적인 활동으로 대두될 것이며, 특히 개발지원사업으로서 본격화될 것이다.

한편 북한농업 지원과 농업 교류협력의 성과는 북한의 개방성과 농업개혁의 의지에 상당 부분 좌우된다는 점에 공통점이 있다. 즉, 북한의 개방성과 개혁의지가 미비한 경우 남북농업 교류협력은 본궤도에 오르기 힘들 것이며, 이러한 경우 쌍방이 교류협력을 지향하더라도 교역을 제외한 대부분의 활동은 성사되기 어렵다고 볼 수 있을 것이다. 북한농업 지원 역시 개방성과 개혁의지가 충분하지 못하면 단순 물자지원의 형태에서 벗어나지 못할 가능성이 크다. 개발지원으로의 발전 가능성이 희박해지고, 이를 토대로 한 농업 교류협력의 활성화 역시 요원한 일이 될 것이다.

표 2-2 북한농업 지원과 농업 교류협력 세부사업의 예

북한농업 지원사업		농업 교류협력사업	
세부사업명	시행주체	세부사업명	시행주체
당곡리협동농장 종합개발	경기도	농업과학심포지엄	월드비전 자문위원단 / 농업과학원
씨감자 증식재배 지원	월드비전	남북상생통일딸기 (딸기묘 생산협력)	경남 / 장교리
구빈리협동농장 축산개발 지원	굿네이버스	농업 및 수산분야 협력사업발굴추진	농수산협력분과위원회
금강산 · 개성 지역 공동영농사업	통일농수산사업단	위탁 임가공 및 계약재배	–
장교리협동농장 농업협력	경상남도	투자협력	–
⋮	⋮	⋮	⋮

그간의 대표적 사업들을 이상과 같은 용어의 정의 및 유용성에 기초한 북한농업 지원사업과 남북농업 교류협력으로 구분하여 살펴보면 앞의 <표 2-2>와 같다.

제3장

북한농업 지원 및 농업 교류협력사업 현황

제2차 세계대전 이후 국제사회는 미소 대결이라는 양극구조의 논리에 의해 좌우되어 왔으며, 이러한 국제사회의 흐름에 따라 남북한도 서로 상대방을 정치적·군사적·이념적으로 극복해야 할 대상으로 간주해 왔다. 한국전쟁 이후 1990년대 이전까지 남과 북은 서로를 타도의 대상으로 삼았고 비록 1972년 「7·4 남북공동성명」에서 평화통일의 대원칙을 천명하기는 하였으나, 이는 다분히 정치적이고 구호적인 성격이 강한 것이었으며 실제로는 상호 적대시하는 정책이 지속되었다고 할 수 있다.

하지만 1980년대 후반부터 진행된 소련의 붕괴와 독일의 통일, 그리고 동구 사회주의 체제의 해체로 이어지는 일련의 변화들은 국제 체제의 냉전구조를 종식시키고 새로운 국제질서를 태동시키게 되었다. 남한정부의 입장에서 보면 이러한 변화는 새로운 가능성을 열어주는 것이기도 하였다. 한반도 분단의 중요한 원인을 제공했던 냉전체제의 붕괴, 사회주의 국가의 몰락, 체제전환과 그에 따른 경제적·정치적 어려움 등 북한 또한 변화하지 않을 수 없는 여건이 조성되었다. 이는 남북한 갈등관계의 청산, 한반도의 평화체제 구축, 그리고 더 나아가서는 평화통일에 대한 희망과 기대를 불러일으키는 계기가 되었다.

이러한 분위기 속에서 정부는 1988년 7월 7일 「민족자존과 통일번영을 위한 특별선언」을 발표하며 "남과 북은 분단의 벽을 헐고 모든 부문에 걸쳐 교류를 실현할 것"을 천명하게 되었다. 이를 계기로 남북한은 과거 냉전시대의 대결구도를 청산하고 개방과 화해에 의한 남북교류협력의 새로운 시대를 개막하게 되었다.

국제정세와 동반하여 북한 내에도 변화조짐이 형성되었다. 1990년대 중반 외부에 알려지기 시작한 북한의 식량난이 오랜 기간 지속되면서 북한은 경제 침체와 함께 농약, 농업용 유류, 비닐, 농기계 부품, 타이어 등 농업 생산요소 및 기자재의 생산과 공급이 절대적으로 부족하게 되었다. 식량난에 직면한 북한은 농업 생산을 증대시키기 위해 다각도의 노력을 기울였다. 1990년대 중반 이후 새롭게 강조하며 추진하기 시작한 농정시책들은 과거의 구호성 농정과는 달리 실천적 농정이라는 특징을 보여주었다.

1990년대 중반 북한은 극심한 식량난을 겪으면서 국제사회의 지원을 공식적으로 요청하였다. 국제사회를 향한 폐쇄적 북한정권의 비교적 솔직한 지원 요청을 계기로 국제사회 및 남한의 대북 식량 지원활동이 활발히 전개되었다. 이러한 식량 지원활동은 농업의 개혁과 발전 없는 지원은 밑 빠진 독에 물붓기라는 평가에 기초하여 북한농업 개혁과 발전을 위한 북한농업 지원사업으로 본격화되었다. 더불어 이러한 지원은 남북한 농업분야 교류협력을 더욱 본격화할 수 있는 토대로 작용하였다.

1990년대 초까지 한국의 대북 정책기조는 대결구조의 틀에서 완전히 벗어나지 못하였는데, 1990년대 말 새 정부가 들어서면서 대북 정책기조는 크게 전환하게 되었다. 2000년 분단 50년 만의 역사적인 남북정상회담에서 교류·협력 및 대화 활성화와 상호 신뢰 구축 일환으로서 이산가족 등 인도적 문제 해결, 경협 등 남북한 교류협력 활성화, 당국 간 대화 개최에 합의하게 된다. 국제정세의 변화, 북한 농정시책 개선 노력, 우리나라의 대북 정책기조 전환 등 여러 원인을 통해 남북농업 교류협력사업은 단기적인 식량, 비료 등 물자 지원에서 장기적인 농업부문에서의 상업적 교류협력 활성화 방향으로 발전하게 되었다.

다음에서는 북한농업 지원사업과 농업 교류협력사업을 구분하여 2000년 이래 진행되어 왔던 관련 사업 내용과 현황을 살펴보고자 한다.

1. 북한농업 지원사업 현황

1) 전개과정 개관

북한의 식량난이 외부에 알려진 것은 1990년대 중반이다. 북한은 1995년 집중호우로 농업부문에 큰 타격을 입으면서 곡물 생산량이 378만 톤으로 전년 대비 50퍼센트 감소했으며 해외 도입량도 급감하면서 심각한 기근에 직면하게 되었다. 식량위기 상황에 직면하여 북한은 국제사회에 지원을 요청했으며 국제사회는 이에 응하기 시작했고 남한정부도 1995년 9월 민간 차원의 대북 지원을 허용하는 등 북한농업 지원사업을 전개하였다.

남한의 북한 지원사업을 이끌어가고 있는 주체는 정부, 민간단체, 지방자치단체다. 북한 지원사업 주체들의 사업은 대체로 네 가지 형태로 나눌 수 있다.

첫째, 중앙정부의 식량, 비료 등 직접지원이다. 정부는 1999년 북한에 비료 15.5만 톤을 지원한 이래 2009년 현재까지 매년 지원하고 있다. 정부 차원의 비료 지원은 규모가 크고 기초적인 농업 개발지원이라는 특징을 갖고 있다.

둘째, 중앙정부의 국제기구를 통한 간접지원이다. 1996년부터 2008년 9월까지 8개 국제기구의 대북 지원사업에 대해 총 1,934억 원을 지원하였다. 그 중 농업분야의 대북 지원은 세계식량계획(WFP)을 통한 옥수수, 분유 지원이 가장 많다.

셋째, 민간단체의 독자적인 북한농업 지원사업이다. 대북사업에서 역사가 오래되고 경험이 풍부한 민간단체들은 초기에는 단순한 지원사업을 했지만 자체모금 또는 정부의 남북협력기금을 지원받아 현재 다양한 농업 개발지원 사업을 진행하고 있다.

넷째, 지방자치단체와 민간단체의 협력지원이다. 이는 대북사업 경험이 풍부한 민간단체와 자금력이 있는 지방자치단체의 협력모델로서 일회성 지원이 아닌 지속성 개발지원을 가능케 하였다.

북한농업 지원사업에서 가장 앞장선 주체는 국내 민간단체들이다. 1995년 국내 민간단체들은 대한적십자사에 성금을 기탁하여 국제적십자연맹을 통한 대북 인도적 지원에 참여하였다. 대북 지원 초기에는 긴급구호 활동의 일환인 식량 및 의류, 의약품 등 물자 지원활동이 중심이었으나 1997년 후반에 들어서면서 대북 지원단체들은 농업 지원을 적극적으로 모색하기 시작하였다. 1998년 김대중 정부가 출범하면서 민간 차원의 대북 지원 활성화 조치가 시행되었다. 같은 해 9월 민간단체의 대북 접촉 창구 다원화 조치가 시행되었고 북한과도 조선아시아태평양평화위원회, 조선민족경제협력연합회, 뉴욕의 주유엔 북한대표부를 통한 해외동포원호위원회 등의 접촉 창구가 만들어지면

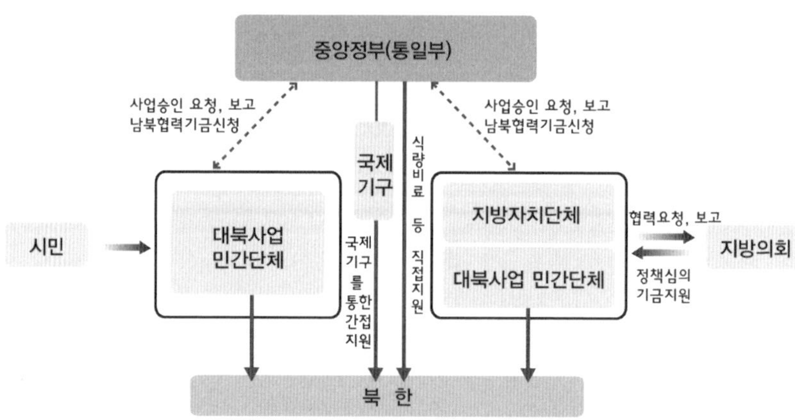

그림 3-1 북한농업 지원사업 추진 체계

서 민간단체들의 독자적인 대북 농업 지원이 가능하게 되었다. 또한 1999년 10월 인도적 차원의 대북 지원사업 처리에 관한 규정이 마련되어 민간단체들은 이에 근거하여 대북 인도적 지원사업에 대한 남북협력기금을 지원받게 되었다. 정부가 남북협력기금 지원을 시작하면서 민간 단체의 북한 지원사업은 점차 농업 개발, 보건의료, 취약계층 지원 등으로 다양해졌으며 규모도 지속적으로 확대되었다. 민간지원단체가 추진해온 농업 개발지원은 옥수수 및 감자 종자개량, 종자생산, 젖소 및 양계장 설치 운영, 산란종계장 설치 운영, 젖염소 종축 및 유가공설비 지원, 채소온실 설치 운영, 농기계 수리공장 설치 운영, 양묘장 설치, 농기계 지원, 농자재(비료, 농약, 비닐, 종자 등) 지원 등 다양한 형태가 있었다. 2000년부터는 정부의 남북협력기금 지원이 가능해짐에 따라 참여단체 수가 증가하였고 활동도 활성화되었다. 2008년 당시 정부의 남북협력기금을 지원받은 농업분야의 민간단체는 총 32곳이다. 민간단체는 자체 모금을 통해 대북사업 자금을 마련하여 대북사업을 진행하거나, 정부의 남북협력기금을 지원받기도 하고, 지방자치단체와의 협력을 통해 진행하기도 하는데 자금마련이 어려운 실정이다.

정부는 긴급구호와 함께 북한의 농업 생산성 증대에 초점을 맞추어 대북지원을 병행하여 추진하겠다는 입장을 표명했다. 이 방침에 따라 1999년에는 처음으로 북한에 비료 15만 5,000톤을 직접 지원하게 되었다. 2000년 3월 대통령의 「베를린 선언」을 통해 냉전종식과 평화정착을 위해 남북한이 화해·협력의 정신으로 실질 협력 관계를 넓혀가는 데 북한이 호응해 나올 것을 촉구하는 한편 대북 지원의 지속적 추진을 천명했다. 이 선언에 따라 정부는 비료 30만 톤을 북한에 지원했고 이후 매년 정부 차원에서 북한에 비료를 지원했는데 남한이 지원한 비료는 최근 북한의 연간 화학비료 공급량의 절반 이상을 차지할 만큼 비중이 컸다.

1999년 1월 제주도가 인도적 차원에서 감귤 100톤을 북한에 지원한 사례는 지방자치단체의 남북협력사업의 시작을 뜻한다. 남북협력사업 주요 행위자로서의 지방자치단체는 중앙정부, 기업, 민간단체보다 늦게 시작하였지만 올해(2009년)로 벌써 10주년이 되고 있다. 2000년 「6·15 남북공동선언」이 발표되어 중앙정부 차원의 남북교류가 활발해지고 동시에 중앙정부의 남북 교류협력사업에 지방자치단체도 포함됨에 따라 지방자치단체별 남북 교류협력사업 계획이 봇물처럼 쏟아지는 등 지방정부의 남북 교류협력사업에 대한 관심도 자연스럽게 고조되었다.

2) 주체별 북한농업 지원사업 현황

(1) 중앙정부

정부는 1988년 7월 7일 「민족자존과 통일번영을 위한 특별선언」을 통해 "남과 북은 분단의 벽을 헐고 모든 부문에 걸쳐 교류를 실현할 것"을 천명하게 되었다. 이를 계기로 과거 냉전시대에서의 남북한 대결구도를 청산하고 개방과 화해에 의한 남북교류협력의 새로운 시대를 개막하게 되었다.

1988년 「7·7 선언」의 기본정신을 실천하기 위해 그해 10월에는 「남북경제 개방조치」를 통해 남북한 간 교역을 허용하고, 1989년 6월에는 「남북교류협력에 관한 지침」을 제정하여 남북교류를 지원하는 등 「7·7 선언」이 하나의 선언으로만 그치지 않고 실제로 실천될 수 있도록 제도적으로 관련된 조치들을 취해 나갔다. 이러한 정부의 조치에 따라 부분적이지만 제3국을 통한 북한 주민 접촉과 교역이 제도적인 틀 내에서 이루어졌다.

「7·7 선언」과 그 후속조치들로 이어진 남북교류협력 추진기반 조성을 위한 노력은 1993년 3월 북한의 NPT(핵확산금지조약) 탈퇴선언으로 인해 위기를 맞기도 하였으나, 1994년 10월 「제네바 합의」로 핵문제 해결의 실마리가 풀림에 따라 1994년 11월 「남북 경제협력 활성화 조치」를 비롯한 실천적 후속 조치들을 통해 실질적인 경제협력 추진기반을 조성하게 되었다.

1990년대 초까지 한국의 대북 정책기조는 대결구조의 틀에서 완전히 벗어나지 못하였는데, 1998년 2월 대북 정경분리 원칙을 표방한 국민의 정부가 출범하면서 남북 경제협력 적극추진을 국정과제의 하나로 채택하여 정책기조는 크게 전환하게 되었다. 또한 IMF체제 이후 침체되어 있는 남북 경제 교류·협력을 증진시키기 위해 「남북경협 활성화조치」를 발표하고, 6월에는 기계·장치·설비의 대북 반출승인 조항을 삭제하고 또한 반입승인을 요하는 품목을 대폭 축소(205개→178개)함으로써 반출·반입 절차를 간소화하고 교역대상 품목의 폭을 크게 넓혔다. 한편 1991년 250억 원으로 설치된 남북협력기금은 2009년 8월 말까지 총 9조 4,175억 원이 조성되어 총 8조 4,108억 원이 집행되었다. 2000년부터는 남북협력기금을 통해 정부, 국제기구, 민간단체, 기업체의 대북사업을 적극 지원하기 시작하였다. 2000년부터 지원된 정부의 남북협력기금 예산의 대부분은 긴급구호형태의 식량 지원, 비료 지원 등의 형태로 사용되고 있다. 2000년 남북정상회담에서 「6·15 남북공동선언」이 채택·발표된 후 남북협력기금 지원이 본격적으로 시작되면서 정부, 민간단체, 기업체의 대북사업이 활발하게 진행되었다.

2003년 2월 출범한 참여정부는 평화번영정책을 천명하여 북한 핵문제의 평화적 해결 노력을 통해 한반도 상황을 안정적으로 관리하면서 실질적인 남북 경제협력의 발전을 추진한다는 정경병행 원칙을 실행하였다. 즉 대북 인도적 지원을 정치적·군사적 문제와 분리하지 않고 공식적으로 연계시켰다.

2008년 출범한 이명박 정부는 이전 정부와는 매우 다른 환경에서 남북관계를 맞이하였다. 이명박 정부는 김대중, 노무현 양대 정부를 옭아맸던 북핵문

표 3-1 정부별 대북사업의 주요 특징

정부	사업 내용	특징
김영삼 정부 1995.6~1998.2	2,118억 원 지원	대북 지원정책 미수립 대북 지원활동 견제
김대중 정부 1998.2~2003.2	6,153억 원 지원 2000년 6월 남북정상회담 개최 6 · 15 공동합의문 채택	정경분리로 대북 포용정책 수립 남북 신뢰 형성
노무현 정부 2003.2~2008.2	1조 4,530억 원 지원 2005년 5월 남북 차관급회담	정경병행 원칙 대북 지원을 협상 수단화
이명박 정부 2008.2~	2,509억 원 지원(2008.2~2008.9) 2009년: 지원 실적 없음	조건부 지원 상호주의 원칙

표 3-2 남북교류협력기금 집행 비중 (단위: 억 원, %)

구분	사업명 \ 연도	1991~1999	2000	2001	2002	2003	2004	2005	2006	2007	2008.9	합계
인도적 지원	식량지원	1,854 (68.4)	867 (15.3)	190 (3.2)	1,058 (12.3)	1,898 (17.3)	1,124 (13.1)	1,985 (19.3)	496 (3.7)	1,462 (10.9)	43 (1.7)	10,976 (13.4)
	비료지원	339 (12.5)	944 (16.7)	639 (10.8)	833 (9.7)	836 (7.6)	966 (11.2)	1,264 (12.3)	1,200 (9.0)	962 (7.2)	–	7,982 (9.7)
	국제기구	415 (15.3)	– (0.0)	229 (3.9)	237 (2.7)	203 (1.9)	26 (0.3)	258 (2.5)	125 (0.9)	349 (2.6)	93 (3.7)	1,934 (2.4)
	민간단체	–	34 (0.6)	63 (1.1)	65 (0.8)	81 (0.7)	102 (1.2)	120 (1.2)	133 (1.0)	216 (1.6)	92 (3.7)	906 (1.1)
	이산가족 교류지원	10.13 (0.4)	28 (0.5)	13 (0.2)	20 (0.2)	30 (0.3)	32 (0.4)	133 (1.3)	99 (0.7)	269 (2.0)	147 (5.9)	781 (1.0)
	기타	–	–	45 (0.8)	1 (0.0)	44 (0.4)	27 (0.3)	32 (0.3)	211 (1.6)	688 (5.1)	104 (4.1)	1,153 (1.4)
남북 경제 협력	철도도로	–	146 (2.6)	898 (15.1)	669 (7.8)	1,121 (10.2)	1,104 (12.8)	1,978 (19.2)	895 (6.7)	590 (4.4)	91 (3.6)	7,493 (9.1)
	개성공단	–	–	–	–	–	250 (2.9)	465 (4.5)	1,143 (8.6)	1,202 (9.0)	287 (11.4)	3,347 (4.1)
	관광협력	–	–	450 (7.6)	334 (3.9)	60 (0.5)	70 (0.8)	48 (0.5)	77 (0.6)	22 (0.2)	17 (0.7)	1,078 (1.3)
	경공업협력	–	–	–	–	–	–	–	–	694 (5.2)	130 (5.2)	824 (1.0)
	기타	62 (2.3)	–	11 (0.2)	28 (0.3)	104 (1.0)	74 (0.9)	–	26 (0.2)	503 (3.8)	246 (9.8)	1,054 (1.3)
사회 문화 교류	사회문화 교류지원	10.3 (0.4)	21 (0.4)	1 (0.0)	–	6 (0.1)	32 (0.4)	75 (07.)	74 (0.6)	69 (0.5)	25 (1.0)	312 (0.4)
	인적왕래 지원	–	3 (0.05)	3 (0.1)	237 (2.7)	11 (0.1)	11 (0.1)	38 (0.4)	53 (0.4)	17 (0.1)	27 (1.1)	399 (0.5)
경수로사업		–	3,259 (57.6)	3,003 (50.6)	3,009 (34.9)	3,287 (30.0)	870 (10.1)	227 (2.2)	89 (0.7)	–	–	13,744 (16.8)
공자기금예수 원리금상환		–	190 (3.4)	391 (6.6)	2,124 (24.6)	3,250 (29.7)	3,895 (45.3)	3,658 (35.5)	8,713 (65.3)	6,337 (47.3)	1,191 (47.5)	29,749 (36.3)
기금관리비		22 (0.8)	169 (3.0)	5 (0.1)	6 (0.1)	8 (0.1)	12 (0.1)	16 (0.2)	18 (0.1)	19 (0.1)	15 (0.6)	291 (0.4)
총 액		2,711	5,661	5,940	8,621	10,940	8,594	10,296	13,351	13,400	2,509	82,023

주: ( )는 연도별 집행 총액에서 차지하는 비중임.
자료: 통일부, 『남북협력기금백서』, 2008.11.

제가 잘 풀리면서 국제정세가 호전되던 가운데 오히려 이전 정부가 체결한 정상회담 선언을 인정하지 않으면서 그동안의 협력적 남북관계를 부인하였다. 대북 지원과 관련해서 북한의 지원요청이 있을 경우 검토하여 지원하도록 하고, 식량사정이 심각하거나 재난 상황일 경우 국민 여론 등을 고려하여 지원하며 북한도 우리 측의 인도적 지원협력에 대해 이산가족이나 납북자·국군포로 문제에 대해 성의를 보일 필요가 있다는 조건부 지원을 주장하였다. 이명박 정부 출범 이래 대북 실적은 거의 없는 실정이다.

김대중 정부의 지원금은 노무현 정부 지원 금액의 절반에도 미치지 못했지만 김대중 정부는 대립적 남북관계를 협력적 남북관계로 전환해내고 서울-평양 사이에 핫라인을 개설, 운영하는 등 괄목한 성과를 내었다. 김영삼 정부는 2,000억 원이 넘는 금액을 사용했음에도 남북관계를 파탄으로 몰고 갔다.

(2) 지방자치단체

지방자치단체의 북한농업 지원사업은 관민 협력의 모델이 대부분이다. 이는 대북사업 경험이 부족한 지방자치단체의 단점을 극복할 수 있는 바람직한 모델로서, 중앙정부가 법적으로 이러한 모델을 건립하였다고 볼 수 있다. 「6·15 남북공동선언」에서는 지방자치단체도 남북 교류협력사업의 행위자로 포함되어 지방정부의 대북사업에 대한 관심이 고조되었다. 초기 지자체의 대북사업은 북한 정보에 대한 사전 조사 없이 실적 위주의 무리한 남북 교류협력사업 계획이 수립되었으므로 과잉 지원, 중복 지원, 일회성 이벤트 형식에 그쳐 거의 실패로 돌아갔다. 따라서 2003년 이전에는 정부로부터 협력사업자로 승인받은 지방자치단체가 직접 사업을 추진하였지만, 그 이후 정부는 지방자치단체 독자적으로 북한 지원, 교류협력사업을 추진하지 못하도록 규정하였다. 대신 정부는 대북사업을 추진하고자 하는 지방자치단체가 협력사업자 승인을 받은 민간단체와 협력하는 형식으로 대북사업을 추진하도록 하였다.

2011년 현재 북한농업 지원사업을 추진하고자 하는 지방자치단체는 먼저

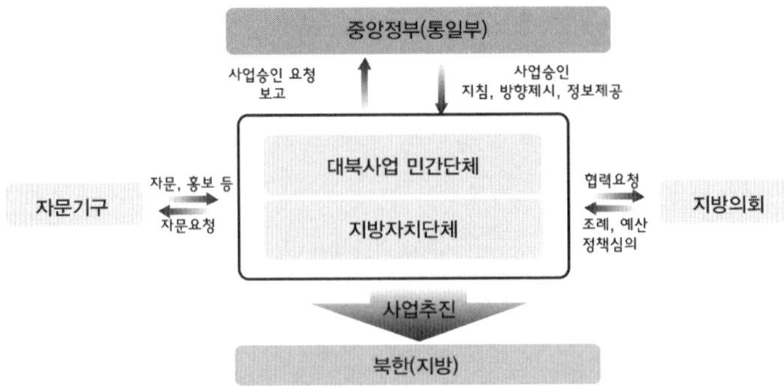

자료: 강동완,「지방자치단체의 남북교류협력사업 발전방안」,『지방자치단체 남북교류협력사업 10년의 성과와 향후 발전 방향』 세미나 자료집, 2009.3, 재정리.

그림 3-2 지방자치단체 북한농업 지원사업 추진 승인 체계

협력사업자 승인을 받은 민간단체를 찾아 사업에 대해 협의하고, 이 민간단체를 통해 통일부의 사업승인을 받은 후 대북사업을 추진토록 되어 있다. <그림 3-2>에서 볼 수 있듯이 지방자치단체는 독자적으로 북한농업 지원사업을 신청할 수 없다. 정부의 남북협력기금 지원을 신청할 자격도 없다. 남북협력기금 수혜자는 형식적으로 민간단체다. 따라서 지자체는 자체적으로 남북협력사업 관련 조례를 제정하고 이에 의거하여 지방의회를 통해 기금을 마련, 집행함과 동시에 지방의회의 견제를 받게 된다. 지방자치단체의 북한농업 지원사업은 중앙정부의 자금지원 없이 자체적으로 추진되는 사업이기 때문에 도민 및 의회의 동의를 얻어내는 데 주력해야 한다. 도민의 지지와 관심은 지방자치단체의 북한농업 지원사업 전반에서 극히 중요하다.

1999년 1월 제주도는 인도적 차원의 감귤 100톤을 북한에 지원했다. 이 사례는 지방자치단체의 북한농업 지원사업의 시작이 되었다. 북한농업 지원사업의 주요 행위자로서 지방자치단체는 중앙정부, 기업, 민간단체보다 출발은 늦었지만 벌써 10년 이상의 경험을 갖게 되었다. 당시 제주도 감귤 작황이 좋아 과잉 생산된 감귤을 북한에 지원하여 북한 주민들에게 도움을 주었을 뿐만 아니라 국내 감귤 가격도 안정되는 일석이조의 효과를 얻을 수 있었다. 잉여

표 3-3 지방자치단체별 협력 민간단체 현황

지방자치단체	협력 민간단체	북한 협상창구
강원도	남북강원도협력협회	민족화해협의회
경기도	우리민족서로돕기운동	민족화해협의회
전라남도	전남우리민족서로돕기운동 전남도민남북교류협의회	민족화해협의회 조선아시아태평양평화위원회
경상남도	우리겨레하나되기운동본부 우리민족서로돕기운동 경남통일농업협력회	민족화해협의회
제주도	남북협력제주운동본부	민족화해협의회 조선아시아태평양평화위원회
울산광역시	우리겨레하나되기운동본부 남북나눔공동체	민족화해협의회
부산광역시	우리겨레하나되기운동본부	민족화해협의회
전라북도	우리민족서로돕기운동	민족화해협의회
경상북도	통일농수산	민족화해협의회
충청북도	통일준비네트워크	민족화해협의회
충북 제천시	제천시남북협력협회	민족화해협의회

농산물 지원을 통한 남북협력사업의 추진은 제주도만의 고유한 특징이라 할 수 있다.

2000년 「6·15 남북공동선언」이 발표되어 중앙정부 차원의 남북교류가 활발해지고 동시에 중앙정부의 남북 교류협력사업에 지방자치단체가 포함됨에 따라 지방자치단체별 남북 교류협력사업 계획이 봇물처럼 쏟아지는 등 이후 지방정부의 남북 교류협력사업에 대한 관심은 꾸준히 고조되어 왔다. 2000년 남북정상회담으로 급진전되는 듯 보였던 남북관계는 2001년 미국 부시 행정부가 대북 정책에 대한 재검토에 착수하면서 북한과의 대화를 전면 중단하자 덩달아 급경색되었다. 남북관계의 경색은 지방자치단체 북한농업 지원사업에도 부정적인 영향을 미치게 되었다. 2003년 참여정부 출범 이후 지방자치단체의 대북사업은 다시 확대되었고 이 시기에는 대북 지원 민간단체와 협력하여 공동사업을 추진하였다. 지자체별로 남북협력사업 추진 체계들이 형성되기 시작하였는데, 이러한 추진 체계에는 남북교류협력조례 제정, 남북협력사업을 위한 기금조성, 남북교류협력위원회 및 전담부서 설치 등이 있다(<표 3-4>). 2006년에는 중앙-지방 간, 지자체 간 남북교류사업의 정보공유와 협력을 위한 '지자체남북교류실무협의회'가 구성되어 현재까지 이어지고 있다.

표 3-4 지자체별 남북협력사업 조례, 기금 및 전담조직 현황(2008년 12월)

지자체	조례제정일	기금규모	전담부서	비고
강원도	1998.9	151억 원	남북협력 담당관실	36억 원 잔고
경기도	2001.11	227억 원	남북협력 담당관실	180억 원 잔고
전라남도	2003.6	4억 원	행정지원과	
서울특별시	2004.7	200억 원	기획관리팀	178억 원 잔고
인천광역시	2004.11	85억 원	정책기획관실	30.3억 원 잔고
경상남도	2005.4	20억 원	기획관실 행정과	
대구광역시	2005.8	미조성	자치행정과	
울산광역시	2006.4	미조성	자치행정과	
광주광역시	2007.1	10.6억 원	자치행정과	
제주도	2007.4	8억 원	평화협력과	
부산광역시	2007.7	조성 예정	경제진흥실	
전라북도	2007.12	조성 예정	총무담당관실	
경상북도	2008.1	조성 예정		
충청북도	2008.2	조성 예정		
충청남도	–	미조성		

자료: 진행남, 「이명박 정부의 대북 정책의 변화와 지자체 남북교류의 특징 및 과제」, 2008, 재정리.

북한농업 지원사업을 위한 전담부서가 존재하는 지자체는 강원도, 경기도, 제주도다. 그중 강원도는 1998년 지자체로는 최초로 기획관리실에 전담부서인 '남북교류 지원담당'을 설치하였고 2001년에 '남북협력 담당관실'로 확대 개편하였다. 지자체의 남북교류협력 조례의 경우 1998년 강원도를 필두로 대전광역시와 충청남도를 제외한 14개의 시·도의회가 제정하였고, 남북 교류협력사업을 위한 기금조성은 서울, 인천, 강원, 경기, 경남, 전남 등 6개 시·도가 시행하였다. 기초지방정부도 광역지방정부의 제도화 수준에 영향을 받고 있는데 예를 들면 서울(강동), 경기(파주), 강원(고성, 철원), 전남(강진, 고흥, 곡성, 구례, 나주, 담양, 목포, 무안, 보성, 순천, 신안, 여수, 영광, 완도, 장흥, 진도, 함평, 해남, 화순) 등에서도 남북교류 제도화 실태를 발견할 수 있다.

지방자치단체의 북한농업 지원사업은 크게 식량난 지원, 비료, 농기계 등 농자재 지원, 농업기반을 조성하기 위한 지원, 농업 관련 산업을 발전시키기 위한 지원, 협동농장, 양묘장, 양돈장 등 농장 건설을 위한 지원, 산림·수자원을 보호하기 위한 지원사업으로 구분할 수 있다.

농업기반 조성, 농자재 지원, 농기계 수리공장 건설 사업 등에 이르기까지 다양하게 추진되고 있는 지자체의 북한농업 지원사업은 경기도, 강원도, 전라남도, 경상도 등 각 지자체의 산업구조적 특성과 비교우위가 반영된 것이기도 하지만 북측의 정책 방향상 절실하게 요구되는 사항이기도 하다. 즉 북한농업의 발전을 위해서는 물적 지원뿐만 아니라 농법 전수는 물론 농기계 사용법에 이르기까지 각종 기술 지원이 뒤따르는 농업기반 조성을 위한 복합적 지원이 필요하다는 것이다. 양돈과 연어 자원 증식 등 축산·수산 분야 지원사업과 식품 가공공장 건설을 지원하는 사업이 활발하게 전개된 것도 북측의 정책방향과 일맥상통하기 때문이다.

표 3-5 지자체의 북한농업 지원사업 내용별 추진 현황

지원사업명	지원사업 내역 및 추진 지자체
식량 지원	· 쌀, 밀가루, 분유, 제과원료, 감귤, 당근 등 지원: 전남, 서울, 인천, 제주
농자재 지원	· 비료, 농약, 종자, 경운기, 탈곡기 등 농자재 지원: 경기, 전남, 경남, 전북, 충북, 강원, 울산
농업기반 조성 지원	· 비닐하우스, 육묘장, 도정공장, 창고, 온실난방, 농업용 지하수 등 지원: 경기, 전남, 경남, 전북, 충북
농업 관련 기구 건설 지원	· 농기계 수리공장 건설용 자재 및 설비 지원: 경기, 전남, 전북 · 배합사료공장: 광주 · 농민기술강습소, 농민종합편의소 건설: 강원, 전남
농장 건설 지원	· 양돈장, 종돈 등 지원: 전북, 제주 · 양묘장: 경기 · 연어 부화장, 사료공장: 강원
산림, 수산 환경	· 산림병충해 공동방제: 강원 · 연어 자원 증식: 강원

이처럼 지방자치단체 차원의 북한농업 지원사업은 농업문제 해결에 주력하고 있는 북측의 요구에 따라 사업이 진행되고 있는데 다음과 같은 장점이 있다. 첫째, 사업 추진과정에서 중앙정부에 비해 보다 다양한 형태로 남북한 지방의 주민들을 동참시킬 수 있어 상호 이질성을 극복하는 데 큰 효과를 창출하며 둘째, 정책적인 남북 경색과 무관하게 지속적인 사업진행으로 신뢰를 구축할 수 있으며 셋째, 지정된 지역 간의 지속적인 사업진행으로 남북한 지역 간 통합의 효율성을 높이는 데도 상당한 도움을 줄 수 있으며 넷째, 내구성

표 3-6 지자체별 북한농업 지원사업의 진행상황(2009년 현재)

지자체	지원사업 내용	진행상황
강원도	· 금강산 병충해 방제작업 · 연어 부화장 건설(2003년) · 원산농업기술소 개보수 작업(2005년) · 안변 연어사료공장 건설(2008년)	계속사업 완료 완료 완료
경기도	· 평양시 룡성구역 벼농사 시범농장 사업(2005년) · 평양 강남군 당곡리협동농장 조성 · 개성 산림녹화사업(2007년) · 개성 개풍양묘장 조성(2008년) · 말라리아 공동방역사업	완료 계속사업 완료 완료 계속사업
경상남도	· 평양시 강남군 장교리협동농장 농업협력사업	계속사업
서울시	· 북한 아동 대상 밀가루 등 제과원료 지원(2005년)	완료
울산광역시	· 영유아 이유식 생산시설 지원(2007년)	완료
전라남도	· 평양 대동군과의 농업협력사업 · 평양 발효콩 공장 건립 사업(2007년) · 평양 발효콩 빵공장 건립 지원(2008년)	계속사업 완료 추진 중
전라북도	· 황남 신천군 농기계지원 및 농기계수리공장 건설 지원 · 평남 남포시 대대리 양돈장 건설 지원사업(2007년)	계속사업 완료
제주도	· 감귤 · 당근 보내기 사업 · 흑돼지 사육협력사업(2008년)	계속사업 추진 중
충북 제천시	· 북고성군 삼일포 과수원 조성 사업(2004년) · 삼일포 농장 관리동 신축 지원(2005년)	완료 완료

물자 지원, 기술 지원, 산림병충해 방제 사업 등을 통해 농업생산기반을 구축할 수 있을 뿐만 아니라 환경보전 측면에서도 커다란 성과를 거둘 수 있다.

① 경기도

경기도는 북한과 접경하는 도(道)이자 또한 수도권에 위치한 남한 최대의 지방자치단체라는 특징을 갖고 있다. 따라서 북한농업 지원사업을 경기도의 지역적 특수성에 기초한 실질적이고 다양한 형태로 전개하고 있다.

경기도는 대북사업이 외부 환경의 변화에도 지속적으로 관리, 발전시켜 나가야 할 사업임을 강조하여 초반부터 도와 시·군에서 추진하는 경제협력, 기반시설, 문화·체육 등 남북협력사업을 총괄 조정하는 전담기구를 설치하였다. 2009년 8월 현재, 남북협력담당관실에는 총 14명의 직원이 근무하고 있다. 또한 본격적인 북한농업 지원사업 추진에 앞서 제도적·재정적 기반을 구축하였다. 2001년 11월 「경기도 남북교류협력조례」를 제정하였고, 이에 기초하여 2002년 3월에는 경기도지사를 위원장으로, 민간 14명·도의원 4명·공무원 2명 등 총 20명을 위원으로 하는 「남북교류협력위원회」를 조직하였다. 이 위원회의 주요 기능은 남북교류협력의 촉진을 위한 협의 및 자문, 기금의 운용 및 관리, 남북교류 기반 조성 및 민간 차원 교류 지원 등이다. 그리고 같은 해 경기도의회에 도의원 16명으로 구성된 「남북교류특별위원회」를 설치하였고, 경기개발연구원 내에 「경기남북포럼」을 만들어 사업 아이템 발굴과 추진 전략 검토 등을 하도록 하였다. 경기도는 2001년부터 2005년까지 총 227억 원의 남북교류협력기금을 조성하여 그동안 이 가운데 47억 원을 집행하였고, 2008년 12월 현재 180억 원의 기금을 보유하고 있다.

표 3-7 경기도 북한 지원사업의 목적 및 원칙

목적	원칙
경기도의 지역적 특수성에 기초한 실질적이고 다양한 남북 교류협력사업을 통해 한반도의 평화와 통일에 기여	첫째, 호혜와 협력의 원칙
	둘째, 인프라 지원의 원칙
	셋째, 공개성과 투명성의 원칙

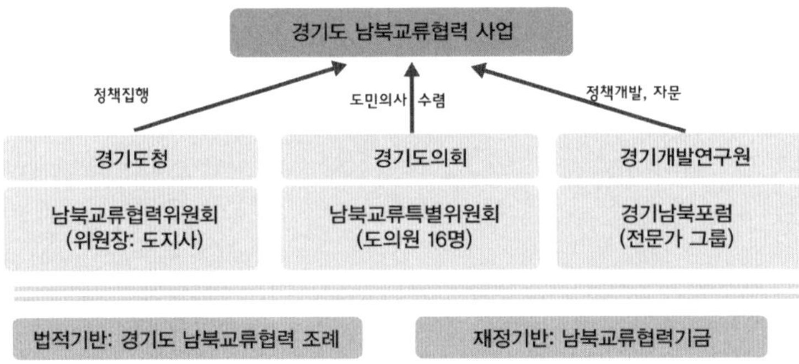

자료: 최용환, 「경기도 남북교류의 현황 및 평가」, 『제주특별자치도의 국제-대북 교류협력 증진 방안』, 2007.10.

그림 3-3 경기도 북한농업 지원사업 추진 체계

본격적인 북한농업 지원사업은 2003년부터 추진하기 시작하였는데 처음에는 통일부 회담사무국(판문점 연락관)에 대북접촉을 의뢰하기도 하였으나 북측이 한국의 자방자치단체를 민간으로 분류하였으므로 성사되지 못하였다. 이후 대북사업 경험이 많은 민간단체인 「우리민족서로돕기운동」과 협력하여 대북사업을 추진하였다. 이는 경기도 자체가 남북 교류협력사업자로 등록할 수 없는 한계 때문이기도 하였지만 당시 과거의 경험을 최대한 활용하여 시행착오를 줄이기 위한 목적도 있었다. 2003년 12월 경기도는 북측의 「민족화해협의회(민화협)」와 제1차 실무회담을 통해 남북교류협력에 대한 의향서를 체결하였다. 의향서에서 합의한 사항은 사업의 주체를 「경기도와 민족화해협의회」로 하고, 황해남북도 지역(필요시 평양)을 중점교류대상 지역으로 하며, 농기계 지원, 의료분야 지원, 식품가공공장 설비 지원 등을 주요 사업분야로 정하는 것이었다.

경기도는 북한농업 지원사업 추진에 앞서 철저한 사전 준비를 진행하였다. 「남북교류협력조례」를 제정하여 법적 기반을 조성하였고, 남북협력사업을

전담하는 부서를 설치하였으며, 충분한 남북협력기금 확보를 위한 재정기반을 조성하였다. 또한 남북문제 전문가들로 구성된 남북협력위원회, 남북포럼 등의 기구를 설치하였다. 철저한 사전준비 아래 3년 중기 계획이 수립된 대북 사업은 일회성, 전시성이 아닌 농업문제에 집중하고 일방적 지원이 아닌 자생력 확보에 주력하였다. 시범영농사업을 통해 북한 농법의 변화를 유도하였고 식품가공공장에 대해서는 독립채산제 조건도 제시하였다. 향후 협력대상 지역인 황해북도와의 교류를 확대하고 도민의 참여와 공감대 확보를 위해 도내 다양한 단체와 조직의 보다 많은 동참을 유도하는 것이 주요과제다.

② 강원도

한반도의 중동부에 위치한 강원도는 남북으로 갈라진 분단 지자체다. 지리적으로는 145km에 이르는 휴전선과 212km에 이르는 동해안 해안선을 끼고 있는 남한에서 가장 큰 남북 접경 지역이기도 하다. 남북관계의 진전에 따라 강원도에서 출발하는 금강산 관광 뱃길이 열린 데 이어 동해선 도로(국도 7호선)가 열림으로써 금강산 육로관광이 시작되었고, 동해선 철길도 연결되었으니 이는 우리가 강원도를 거쳐 북한과 유라시아로 뻗어나가는 철의 실크로드로 이어질 것이라는 희망을 갖게 하였다. 뿐만 아니라 금강산은 오래전부터 갖가지 남북한 공동행사, 이산가족 상봉 등 남북 간 인적교류가 이루어지는 만남의 장소로 쓰이고 있다. '평화의 바다'로 변모하고 있는 동해를 둘러싼 국제정세의 변화 속에서 강원도는 '분단 1번지'에서 '다차원의 통일 1번지'가 되고 있다.

강원도는 북한농업 지원사업에 있어 국가정책에 능동적으로 기여하고, 지방정부의 수직적 참여 및 민간·사회단체의 수평적 참여를 진행하며, 지방단위의 작지만 실질적인 교류협력을 제고시킨다는 목표를 갖고 있다.

남다른 지정학적 특성에 의한 남북교류협력의 필요성과 당위성을 인식한 강원도는 지방자치단체로는 최초로 기획관리실 안에 남북교류지원 담당 전담부서를 설치하였다. 대북사업 추진을 위해 제도적·구조적·재정적 기반을 구축하였는데 1998년 9월 「남북강원도교류협력위원회조례」와 「강원도남북교류협력기금조례」를 제정하고 기금을 설치하였으며, 범도민적 의견 수렴과 합의 도출을 위해 사회 각계 대표 30명으로 구성된 「남북강원도교류협력위원회」를 설치, 운영해오고 있다. 현재 41명이 위원으로 위촉되어 활발하게 활동하고 있으며, 이를 실무적으로 뒷받침하기 위한 기구로서 각계 전문가 10명으로 구성된 「남북강원도교류협력기획단」을 설치하였다. 2000년 5월 민간전문가가 주축이 된 「사단법인 남북강원도협력협회」를 설립하였고, 2002년 3월에는 통일부의 「남북교류협력에 관한 법률」에 의한 대북사업자로 지정되어 더 활발한 북한농업 지원사업을 진행하게 되었다.

강원도는 2000년 12월 도지사를 단장으로 하는 강원도대표단이 북한 민족화해협의회의 초청을 받고 원산과 평양을 방문, 민족경제협력연합회와 남북강원도 간 협력을 위한 5개 항의 기본 합의서 및 3개 협력사업에 대한 부속합의서를 체결하였다. 북한 측의 실질적인 요구를 만족시키는 사업을 진행하여 경제 및 친선 분야에서 성과를 내오고 이로써 민족화해협의회와의 신뢰를 구축하여 커다란 자산을 마련할 수 있었던 것으로 판단된다. 또한 강원도는 처음부터 민관이 협력하여 사업을 진행하였으므로 지자체와 민간단체 간의 상호 협력 체계도 비교적 잘 구축되어 있다.

강원도는 남북교류협력의 장기적인 목표를 남북강원도의 공동이익과 발전에 두고 있다. 동해를 같은 터전으로 하고 있는 남북강원도 어민들의 공동 관심사인 동해안 수산 협력사업을 향후에도 지속적으로 확대 추진하여야 하며, 관광자원이 풍부하므로 산림보전 및 활용과 관련된 사업을 진행시켜야 할 것

표 3-8 강원도 북한농업 지원사업의 목적 및 원칙

목적	원칙
남북 교류협력사업의 합목적적인 명분과 실리의 동시 실현 및 범도민적 합의와 공감대를 바탕으로 한 남북강원도의 공동번영과 이익 도모를 추구	첫째, 공동참여 원칙
	둘째, 실천 가능성 원칙
	셋째, 실질적 협력 원칙

이다. 또한 군사적 측면에서 강원도는 최전선의 성격이 있기 때문에 남북강원도 협력사업의 성공적인 진행은 휴전선 지역의 경직성을 완화시키는 등 남북평화에 도움을 주는 무형의 성과로도 이어지게 될 것이다.

③ 제주도

1991년 제주도에서 개최된 한·소 정상회담이 성공적으로 마무리되면서 우리 정부는 분단의 아픔을 해소하고 남북한 간의 화해와 평화를 위해 제주도를 중요한 논의의 장으로 육성하겠다는 뜻에서 '세계 평화의 섬'으로 지정하게 되었다(2005년). 제주도민이 인도적 차원의 북한동포 돕기운동을 시작한 것은 1999년부터였다. 그동안 제주도는 감귤의 과잉생산이 큰 화두였는데, '세계 평화의 섬' 사업의 일환으로 감귤 100톤을 대한적십자를 통해 북한에 지원하는 것으로 북한농업 지원사업의 서두를 열었다. 1999년 11월에는 제주기독교교회협의회의 주도로 시작된 '사랑의 감귤보내기 운동'을 보다 확대할 필요성이 대두되어 북한과 직접적인 접촉 및 협의를 할 수 있는 「제주도민운동본부」가 발족되었다. 운동본부는 2001년 9월 「남북협력제주도민운동본부」로 명칭이 변경되면서 확대, 개편되었다. 감귤 북한보내기 사업은 제주도는 물론 시·군의 협조가 있어 가능했는데, 제주도에서는 농수축산국 감귤과와 정책담당관실 국제교류계가 뒷받침을 하였다.

2007년에는 제주특별자치도가 출범하면서 '세계 평화의 섬'에 걸맞도록 평화협력과를 신설했고, 평화사업계에서 대북사업을 담당하도록 하였으며, 기금마련을 위한 조례를 통과시키는 등 기반 조성에 노력해 왔다. 같은 해 5월, 제주특별자치도 남북교류협력에 관한 조례가 제정되었고, 도지사를 위원장으로 하여 도의회 의원·남북교류협력의 관계 공무원·시민단체·전문가 등 20명으로 구성된 「남북교류협력위원회」가 설치되었다. 남북교류협력에 관한 조례에 따라 대북사업의 안정화를 위해 모두 100억 원의 남북교류협력기금을 2017년까지 조성키로 하고 8억 원을 첫 출연했다.

처음 감귤을 보낼 때는 「대한적십자사」와 「우리민족서로돕기 운동본부」

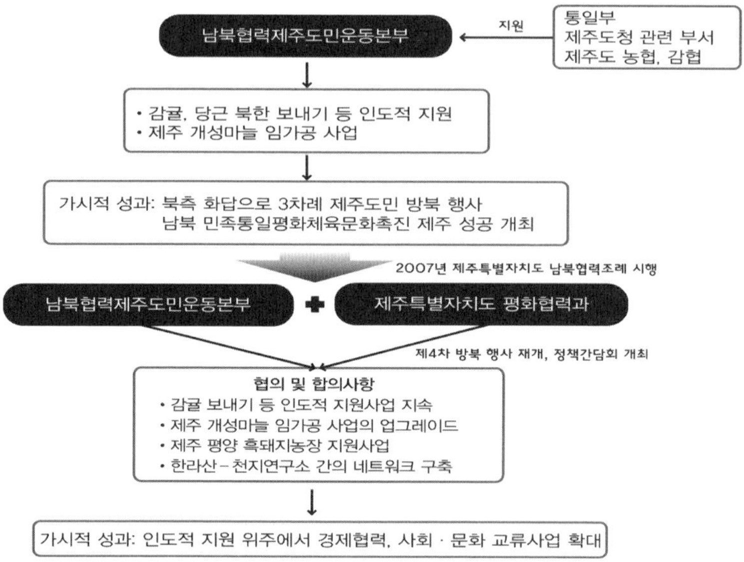

그림 3-4 제주도 북한농업 지원사업 추진 체계

가 중재를 하였는데 나중에는 직접 「조선아시아태평양평화위원회」와 협상하여 감귤을 보내기 시작하였다. 2007년 이전에는 「남북협력제주운동본부」가 북한의 「민족화해협의회」를 접촉창구로 하여 대북사업을 진행하였으며, 제주도특별자치도의 출범 이후에는 제주도특별자치도와 「남북협력제주운동본부」가 함께 북한의 「민족화해협의회」와 접촉하여 북한농업 지원사업을 진행했다. 제주도의 북한농업 지원사업은 인도적 지원사업 및 방북사업이었으나 2006년 제주특별자치도 출범 이후부터는 지자체 차원의 본격적이고 다양한 경제협력·문화교류사업으로 확대한다는 계획을 세웠다.

제주도의 북한농업 지원사업의 대표적 사업인 감귤 북한보내기 사업은 남북관계의 경색에 따라 시기가 지연되고 물량이 대폭 감소될 때도 있었지만 한 번도 거르지 않았다는 지속성 측면에서 의의를 찾을 수 있다. 또한 이와 관련하여 북측의 초청사업이 진행됨에 따라 많은 제주도민이 방북행사에 참여함으로써 북한농업 지원사업에 대한 도민의 공감대와 지지도를 높일 수 있었다.

④ 전라남도

전라남도는 대북사업을 지속적으로 전개하기 위하여 도와 기초자치단체가 공동으로 민관 협의체인 「전남도민남북교류협의회」를 2003년 4월 결성하였고, 같은 해 5월 「전라남도 남북교류협력조례」를 제정하였다. 전남도민남북교류협의회는 전남의 자치단체와 의회, 민간단체, 기업, 전라남도 도민들이 참여하는 범도민적인 남북교류협력 운동체로서 2004년 2월 통일부의 법적승인을 받았다. 전라남도의 보조금과 기초자치단체의 일반 출연금, 기업과 도민의 모금으로 남북협력사업 재원을 마련하여 2003년부터 사업을 전개해오고 있다.

표 3-9 전라남도 북한농업 지원사업의 목적 및 기대역할

목적	기대역할
지방분권 시대에 맞는 지방 차원의 남북교류 · 협력사업을 정착, 문화체육·경제 교류와 인적·물적 교류 등 남북교류의 영역을 넓혀 전남을 통일시대의 선구자로 자리 잡게 할 목적	어떠한 내외정세의 변화에도 남북 간의 화해와 협력이 흔들리지 않는 역할
	전남 도민들이 자발적으로 참여하여 일구어낸 통일의 기운을 확대

전남도민남북교류협의회는 기초단체에서 추천한 5명의 민간위원 외 기업·민간 대표 200여 명을 위원으로 하고, 위원 중 민간단체 대표, 기업 대표, 종단 대표 등 10명 이내 인원을 선발하여 공동대표단으로 구성하였다. 전남 시장·군수협의회 회장, 전남 시·군의회의장회 회장, 전라남도 정무부지사, 민간 대표, 종교계 대표 등 5인으로 상임대표단을 구성하였고, 시·군의 담당계장으로 「실무협의회」를 구성하였으며, 사무국은 사업을 계획하고 실무적인 집행을 담당하도록 했다.

「광주전남우리민족서로돕기운동」은 2002년 상반기 북한 「민족화해협의회」, 「조선아시아태평양평화위원회」와 전라남도와 평안남도 간의 교류를 추진하기로 구두 합의하였다. 그해 10월 전남 시장·군수협의회와 광주전남우리민족서로돕기운동 대표단이 방북하여 북측과 교류협력의향서를 교환하였고,

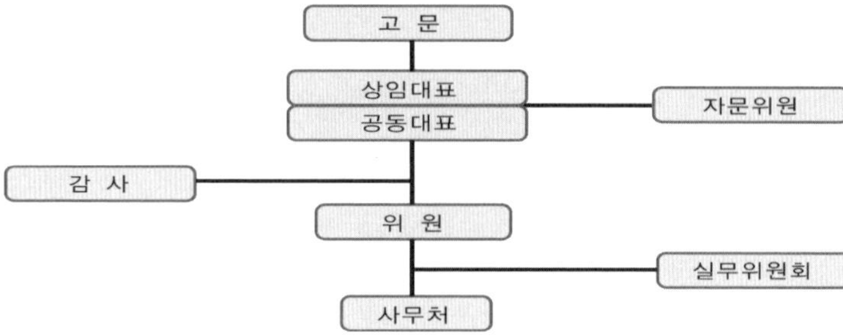

그림 3-5 전남도민남북교류협의회 조직도

2003년 2월에는 전남 지역 시장·군수들의 합의를 통해 전남도민남북교류협의회의 공식 활동을 시작하였다.

⑤ 경상남도

경상남도 북한농업 지원사업은 밀양시에 소재한 밀양육묘연합회 2004년 12월 정기모임에서 북측에 고추모종 보내기 사업이 제안되면서 시작되었다. 2005년 3월 밀양육묘연합회 회장은 금강산에서 제1차 남북 실무자 회담을 갖고 의향서를 교환하고, 고추 모종 20만 주와 비료 및 비닐을 북측에 전달키로 합의하였다. 같은 해 4월, 금강산 제2차 남북 실무자 회담에서 이미 약속된 내용 외의 사업을 「6·15 남북공동선언」 10주년 기념사업으로 승화시키자는 북측의 의사를 수용하여 비닐하우스 5개 동을 지을 수 있는 규모의 자재설비 일체를 지원키로 하였다. 북측 제안에 대한 논의 시 하우스 지원사업은 밀양육묘연합회 지원사업과 별도로 하여 「통일농업을 위한 경남 교류협력 준비위원회」(가칭) 명의로 지원하기로 결의하였다. 아울러 농업인이 중심이 되는 민간 남북교류협력 단체로 더욱더 발전시키기 위하여 경남 전체를 대상으로 하여 회원을 모집하기로 결정하였다. 이에 따라 2005년 경남통일농업협력회 준비위원회 창립총회가 개최되었고 준비위원회 위원장에는 밀양육묘연합회 전강석 회장이 선출되었다. 그해 8월 열린 경남통일농업협력회 준비위원회 2차

운영위원회에서 경남통일농업협력회로 정식 출범하기로 결정하였고, 전국 최초의 농업인들만의 모임인 「경남통일농업협력회」 창립총회가 9월 진주에서 열렸다.

이러한 배경 아래 경상남도는 도 차원에서도 북한농업 지원사업을 전개함으로써 민족의 염원인 통일을 앞당기기 위한 노력에 적극 동참하게 되었다. 2005년 4월 경상남도는 도의회 제226회 임시회의에서 「경상남도 남북교류협력조례안」을 통과시켜 자체 「남북교류협력위원회」를 구성하는 등 대북사업 추진을 위한 작업을 시작하였다. 행정안전국 행정과의 담당사무관이 남북업무를 담당하도록 하고 남북협력기금도 조성키로 하였다. 도지사가 위원장인 「남북교류협력위원회」는 상공회의소 등 경제계와 북한 관련 교수, 평통자문위원 등 도내 각계 인사 30여 명으로 구성된 남북교류협력위원회는 2년간 20억 원의 기금을 조성키로 합의하였다. 기금은 도와 시·군의 출연금이나 기금 운용 수익금, 기타 수입금 등을 재원으로 충당하고, 사용 용도는 법인이나 단체, 주민의 문화·학술·체육·경제 분야 등 남북 교류협력사업 등이나 남북한 지방자치단체 간의 교류협력 증진 분야에 있다고 규정하고 있다.

경상남도는 실무기획단을 통해 북한 측 창구를 확보하고, 농수산 분야와 농기계 분야 등에 대한 지원과 교류를 확대해 나갈 방침이다.

경상남도의 북한농업 지원사업 파트너인 경남통일협의회 회원들은 농사 경험이 많은 민간인들로서 북한 농민들의 협력수요를 파악하고 공동으로 농

표 3-10 경상남도 북한농업 지원사업의 목적 및 추진방향

목적	추진방향
북측의 생활수준 향상을 지원함으로써 통일 이후의 막대한 통일비용을 사전에 분담	단계별로 전략적·안정적으로 접근·추진
	범도민적 참여유도를 위해 공감대를 확보, 투명하게 추진
경상남도의 선진농업기술 및 설비의 이전을 통하여 단기적인 구호효과와 장기적인 농업분야의 경제적 효과를 담보	'농업협력사업'으로 물꼬를 튼 후 단계적으로 분야별 협력사업을 확대
	단순히 '퍼주기식'이 아닌 상호 호혜 원칙 준수

사를 지으며 남측의 농업기술이 전수되도록 도움을 주었다. 또한 경상남도의 북한농업 지원사업은 현지 실정에 맞는 농자재 지원 등 저렴한 지원비용으로 큰 성과를 거둔 것으로 평가된다.

(3) 민간단체

1995년 9월 정부가 민간 차원의 대북 지원을 허용함에 따라 국내 민간단체들은 적십자사를 통한 대북 지원사업을 추진하기 시작하였다. 1997년 후반에 들어서면서 대북 지원단체들은 농업 지원을 적극적으로 모색하기 시작하였고, 1998년 9월 민간단체의 대북 접촉 창구 다원화 조치가 시행됨에 따라 민간단체의 대북 지원활동이 활발하게 진행되기 시작하였다. 1998년부터 대북 농업 지원사업을 시작한 민간단체는 국제옥수수재단(이사장 김순권), 굿네이버스(이사장 이일하), 우리민족서로돕기운동(상임공동대표 영담·이일영·윤여두·인명진·최완규), 월드비전(회장 박종삼), 한국JTS(이사장 법륜) 등으로 그 수가 많지는 않았다.

1999년 정부는 민간단체에 대한 대북 협력사업의 효율성을 나름대로 인정하고 민간의 대북 지원이 안정적으로 지속될 수 있도록 하기 위하여 남북협력기금을 조성하였다. 정부의 남북협력기금 중 민간단체에 지원되는 금액이 차지하는 비중은 2퍼센트 수준이지만 민간단체의 대북사업 활성화에 큰 기여를 하였다. 또한 정부가 지방자치단체의 대북사업 신청집행과정에 민간단체와의 협력을 필수조항으로 규정함에 따라 2003년부터는 지방자치단체와 민간단체 협력형태의 대북 지원사업도 활성화되었다. 1998년 대북사업을 시작한 민간단체들의 뒤를 이어 기아대책, 남북강원도협력협회, 남북나눔, 남북농업발전협력민간연대, 농업협동조합중앙회, 새마을운동중앙회, 선한사람들, 평화의 숲, 한국대학생선교회, 한국천주교교회의 민족화해위원회 등이 독자적 또는 기존 농업 지원단체들과의 컨소시엄을 통해 대북 농업 지원사업을 시작하게 되었다. 그리고 가장 최근 대북 농업 지원을 시작한 단체로는 경남통일농업협력회, 전남도민남북교류협의회, 조국평화통일불교협회, 한민족복지재

표 3-11 민간단체별 북한농업 지원사업의 주요 내용

단체 특징	민간단체명	주요 사업
시민·사회운동	남북나눔	어린이영양(국수, 채소)
	남북민간교류협의회	사료공장, 가축항생제
	동북아한민족협의회	빵공장 지원
	민족화해협의회	나무심기
	새마을운동 중앙회	농기자재(손수레, 비닐 등)
	우리겨레하나되기운동본부	어린이빵공장
	우리민족서로돕기운동본부	농업 개발, 협동농장 지원
	한국이웃사랑회	우유생산 지원
	한마음한몸운동본부	국수공장
종교단체	선한사람들	콩기름공장 운영 지원
	조국평화통일불교협회	국수공장 지원, 농업 개발지원
	천주교서울대교구	농업공장 지원
	한국대학생선교회	젖염소목장 지원
	한민족남북한선교회	사과과수원 지원
	굿네이버스	젖소, 닭목장, 육아원, 의료
사회복지 단체	한국JTS	농업기술 지원, 농업 개발
	월드비전	종자개량(감자, 채소, 과수)
	통일준비네트워크	농법 지원
	평화의숲	종묘장설치, 묘목 지원
	평화3000	콩우유공장, 농업 지원
	한민족복지재단	빵급식, 농업협력
	21세기통일봉사단	양파, 고추장 지원
전문분야 단체	국제옥수수재단	옥수수 증산, 신품종 개발
	남북농업발전협력민간연대	씨감자 재배
	농업협동조합중앙회	사과, 배수송, 협동농장 개발
	통일농수산사업단	협동농장공동사업
	한겨레영농조합법인	무균종서시범농장
지역 단체	경남통일농업협력회	협동농장 지원
	나주남북교류협력위	못자리비닐
	남북강원도협력협회	연어부화, 산림방제
	남북협력제주도민운동본부	감귤 지원
	북고성군농업협력단	채소농장
	전남도민남북교류협의회	발효콩·빵공장, 농기계공장 지원

단, 통일농수산사업단 등이 있다(<표 3-11>).

1999년부터는 정부가 남북협력기금을 지원하면서 민간단체의 북한농업 지원사업은 초기의 단순 식량 및 생필품 지원의 구호성 지원에서 북한의 농업 생산력 복구를 통한 농업 개발지원사업으로 발전하게 되었다. 그동안 민간지원단체가 주로 추진해온 농업 개발지원으로는 옥수수 및 감자 종자개량, 종자 생산, 젖소 및 양계장 설치 운영, 산란종계장 설치 운영, 젖염소 종축 및 유가공 설비 지원, 채소온실 설치 운영, 농기계 수리공장 설치 운영, 양묘장 설치, 농기계 지원, 농자재(비료, 농약, 비닐, 종자 등) 지원 등 다양한 형태가 있다. 2005년부터는 통일농수산사업단을 시작으로 하여 협동농장 단위의 농업 지원사업이 시작되었다.

민간단체들의 북한농업 지원사업실적에 대한 통계는 없지만 정부의 남북협력기금이 매칭방식을 원칙으로 하기 때문에 그동안 각 단체에 집행된 기금을 통해 각 단체의 사업예산을 미루어 추정하여 볼 수 있다. 농업분야에서는 2000년부터 2008년까지 총 32개 단체가 정부의 남북협력기금 지원을 받았으며, 이 중 일회성 지원을 받은 곳은 8개 단체다(<표 3-12>).

한편 민간단체의 북한농업 지원사업에 필요한 기금마련은 주로 세 가지로 볼 수 있다. 첫째, 민간단체의 자체모금을 통해 마련된다. 둘째, 정부의 남북협력기금을 신청하여 마련한다. 남북협력기금은 자체자금과 신청 남북협력기금을 3:7 매칭방식에 근거하여 집행하였고, 2008년부터는 5:5로 집행하였다. 셋째, 지방자치단체와의 협력사업일 경우, 정부의 남북협력기금을 신청하는 것 외에 지방자치단체의 남북협력기금 지원을 받아 마련한다. 이와 같이 민간단체는 북한농업 지원사업을 진행함에 있어 정부의 남북협력기금 지원 외에 50퍼센트에 달하는 자금을 자체적으로 확보해야만 한다. 민간단체는 대북사업 경험이 풍부함에도 불구하고 자금마련에 어려움이 있어 규모화하거나 지속적인 대북사업을 진행하는 데 한계가 있다.

표 3-12 민간단체에 대한 남북협력기금 농업분야 집행내역(2000~2008년) (단위: 백만 원)

단체명	연도별 집행액									
	2000	2001	2002	2003	2004	2005	2006	2007	2008	합계
경남통일농업협력회	-	-	-	-	-	-	-	106	-	106
국제옥수수재단	866	698	550	160	171	229	137	145	69	3,025
굿네이버스	-	-	239	-	160	118	207	1,515	-	2,239
선한사람들	-	-	-	-	169	14	68	73	-	324
나주남북교류협력위	-	-	-	-	-	-	697	-	-	697
남북강원도협력협회	-	-	701	-	16	-	131	460	-	1,308
남북나눔	624	-	-	-	-	-	-	-	-	624
남북농업발전협력민간연대	-	281	176	144	191	203	56	140	-	1,191
남북민간교류협의회	-	-	-	-	-	248	145	183	66	642
남북협력제주도민운동본부	-	1,035	542	1,381	1,587	1,666	493	2,452	-	9,156
농협중앙회	-	2,419	-	-	-	578	-	92	-	3,089
민족화해협의회	-	-	-	-	-	-	32	-	-	32
북고성군농업협력단	-	-	-	-	-	-	38	11	-	49
월드비전	798	671	497	149	443	720	421	559	-	4,258
(사)동북아한민족협의회	-	-	-	-	-	307	-	-	-	307
새마을운동중앙회	-	393	300	95	75	30	-	-	-	893
우리겨레하나되기운동본부	-	-	-	-	-	-	456	-	-	456
우리민족서로돕기운동본부	442	872	688	455	488	400	229	282	-	3,856
조국평화통일불교협회	-	133	-	226	3	293	195	-	-	850
천주교서울대교구	-	-	-	-	233	276	-	138	-	647
통일농수산사업단	-	-	-	-	-	1,886	1,977	2,933	1,437	8,233
통일준비네트워크	-	-	-	-	-	-	-	-	67	67
평화의 숲	-	-	-	55	90	85	172	-	-	402
평화3000	-	-	-	-	-	-	74	295	-	369
한국대학생선교회	-	-	-	209	103	140	140	178		770
한겨레영농조합법인	-	-	-	-	-	-	444	-	-	444
한국이웃사랑회	328	237	-	-	-	-	-	-	-	565
한국JTS	527	465	293	-	200	218	421	-	-	2,124
한마음한몸운동본부	-	473	286	-	-	-	-	-	-	759
한민족남북한선교회	-	-	-	-	-	127	33	-	-	160
한민족복지재단	-	-	-	-	-	-	61	500	-	561
21세기통일봉사단	-	-	-	-	-	-	-	175	-	175

주: 2008년도 실적은 2008년 9월까지의 통계임.
자료: 통일부, 『남북협력기금백서』, 2008. 11.

① 국제옥수수재단

국제옥수수재단(이사장 김순권)은 1988년부터 대북사업을 활발하게 추진해 왔다. 북측의 민경련 및 농업과학원과 접촉하여 전국 25개 시험 연구소, 1,500개 협동농장에 지원해 왔다. 국제옥수수재단은 친환경적인 우수 옥수수 종자를 연구·개발·보급하여 대내적으로 농가 소득 증대와 옥수수 수입대체 효과를 통한 국제수지 개선 및 곡물의 자급자족화에 기여하며, 대외적으로는 식량부족 국가들과 옥수수 생산국들에 유·무상으로 친환경적 옥수수 종자를 보급하여 국제적인 기아문제를 해결하며 세계 평화와 환경보호에 이바지함을 목적으로 한다.

2008년 말까지 총 50차에 걸쳐 옥수수 종자, 비료, 농약 등을 북한에 지원하였으며 지원금액은 100억 원 수준에 달하였다. 대표적으로는 북한의 식량난 해결을 위한 옥수수 종자(수원19호) 지원사업을 진행하였는데, 수원19호는 재단 이사장인 김순권 박사가 개발한 품종으로 동일조건에서의 수확량이 북한의 장려종 화성1호나 은산5호의 평균보다 23퍼센트 증산되었다. 1,500 개 협동농장에서는 남한에서 직접 제공하는 수원19호 종자와 원종 및 채종기술 지도를 통해 북한에서 생산한 강냉이 19호 종자(연 1,000톤 이상)를 사용하고 있다. 또한 종자 제공 외에도 옥수수생산성 증대를 위해 비료, 농약, 농자재 및 의복 등을 제공하고 북측에서는 노동력과 토지를 투입, 생산한 곡물을 전량 북한 주민에게 무상으로 공급하고 있다. 그 밖에 1998년부터는 북한 농업과학원과 공동협약을 맺고 동북아 지역에 적합한 슈퍼옥수수 개발사업을 진행하고 있다. 이에 따라 북한 농촌 지역 전역의 25개 연구소와 시험장에서 계약기간인 10년 동안 연구 업무를 수행한 바 있다. 남쪽에서도 경북대 농업생명과학대학 부속실험실습장[군위농장과 칠곡농장(현 경북대 제2병원)]과 홍천·양구·평창·철원에서 강원도 농업기술원 옥수수시험장 민황기 박사가 슈퍼옥수수를 개발하고 있다. 국제옥수수재단은 그동안 25개 시험연구소 및 협동농장을 방문하여 옥수수 생육 상태를 조사하고 연구를 진행하였는데 2009년 현재까지 27차례 방북하였다. 북한은 옥수수 종자개량(슈퍼옥수수 개발프로젝트)

과 현지 기술지도를 통해 수확량을 증산하여 식량난을 해결할 계획을 갖고 있다.

② 굿네이버스

굿네이버스(이사장 이일하)는 기독교 정신에 입각하여 국내외의 빈곤문제를 조사·연구하고, 저소득층 및 지역 주민의 복지증진에 기여하는 전문 사회복지사업을 수행하고자 1991년 3월 한국인에 의해 설립되었으며, 유엔경제사회이사회(UN ECOSOC)의 포괄적 협의지위(General Consultative Status)를 부여받은 국제연합(UN) 공인 비정부 국제기구이다. 세계 17개국과 북한, 국내의 19개 아동학대예방센터, 6개 지역복지센터, 1개 가정위탁지원센터 그리고 2개 종합복지관에서 인종과 종교, 사상이나 지역을 초월하여 우리 주변과 지구촌의 이웃들을 위해 자원봉사자 조직 활동과 전문 구호개발사업을 수행하고 있다. 1997년 이일하 회장을 비롯한 1차 대표단이 방북, 낙농개발 및 우유급식 사업 협의를 시작하여, 1998년 3월 2차 대표단 방북 시 젖소 지원사업을 합의함에 따라 낙농개발 및 우유급식사업을 본격적으로 추진하게 되었다. 북측 창

표 3-13 굿네이버스의 북한농축산 지원사업

사업명	사업 목표
젖소 지원 및 우유생산 기자재 지원사업	평양과 남포시의 4개 젖소목장에 젖소 및 우유생산 기자재, 사료 등을 지원하여 북에 있는 젖소 사육의 효율성을 극대화시켜 농가수익을 증대
닭사육장 지원사업	평양과 황해도 내 3개 닭사육장에 종란 및 수의약품, 양계사료, 양계설비 등을 지원함으로써 육계 생산량 및 달걀 생산량의 증대 도모
선진축산기술 지원사업	우리 측의 기술자 파견을 통하여 우유 및 달걀의 생산량 증대와 효과적인 사육에 필요한 사육환경 개선방법을 협의하고 선진기술을 제공하여 북측의 낙후된 축산업 발전을 도모
어린이 영양식 및 급식 지원	목장 인근 지역에 있는 어린이에게 신선한 우유와 달걀, 닭고기를 급식으로 제공하여 북한 어린이들의 건강증진을 도모

구는 조선아시아태평양평화위원회, 민족화해협의회 대북협력부다. 1997년 5월 이일하 회장 등 대표단이 1차 방북하기 시작하여 1998년 4회, 1999년 1회, 2000년 2회, 2001년 11회, 2002년 20회, 2003년 28회, 2004년 14회 방북하여 2005년 11월 현재까지 총 109차에 걸쳐 1,286명의 방북이 이루어졌다. 그동안 추진해온 주요 북한농축산 지원사업의 내용과 대상 지역은 앞의 <표 3-13>, <표 3-14>과 같다.

굿네이버스는 2009년 농축산 개발사업의 향후 계획을 다음과 같이 세웠다. 첫째, 낙농 개발지원사업을 통해 우유를 생산하여 목장 인근의 어린이들에게 우유급식을 실시함으로써 북한 식량문제를 자국민 스스로 해결할 수 있도록 하고 둘째, 남측의 선진 낙농 및 양계 기술을 전수하여 근본적인 축산 지원과 북한의 자체적인 자립기반을 구축시키며 셋째, 주당 생산량인 15만 수를 각지에 공급해 매주 40만 명의 북한 어린이에게 닭고기를 공급하고, 이를 통해 동물성 단백질을 공급하여 성장기에 있는 북한 어린이들의 영양 불균형을 해소하도록 한다. 넷째, 총체적 위기에 놓인 북한의 축산 분야를 회생시키기 위해 사료공급 문제는 가장 시급히 해결해야 한다. 또한 이제는 대북사업이 단순 인도적 지원의 차원이 아닌 지속가능하고 북한의 자립을 도모할 수 있는 개발원조로 나아가야 할 시점으로 판단하여 2009년부터 사료공장 건립을 추진하고 다섯째, 협동농장 지원을 통해 북한 주민들이 자립할 수 있도록 개발원조한다.

표 3-14 굿네이버스의 북한농축산 지원대상 지역

사업장명	지원 지역	지원대상과 내용
대안젖소목장 용강젖소목장 중화교잡소목장 구빈리협동농장	남포시 대안구역 대안젖소목장 남포시 용강군 용강젖소목장 평양시 중화군 교잡소젖소목장 평양시 강동군 구빈리협동농장	목장 인근 어린이 약 9,080명 및 노인들에게 우유급식을 실시 목장 내 주민과 북한 내 육아원 4,700명에게 우유급식 실시
서포닭사육장 삼석닭사육장 용성닭사육장	평양시 형제산구역 서포닭사육장 평양시 삼석구역 삼석닭사육장 평양시 용성구역 용성닭사육장	3만 명의 어린이에게 매주 닭고기 공급

③ 남북농업발전협력민간연대

남북농업발전협력민간연대는 한반도의 식량자립이 매우 절박한 문제이며, 이의 해결을 위해서는 남과 북이 협력한다는 취지 아래 1998년 6월 12일 출범하였다. 그동안 인도주의적 동포애에 입각하여 북한에 식량 지원사업을 꾸준히 벌여 왔던 주요 농민, 시민, 종교단체와 사회 지도급 인사들이 참여, 1999년부터 북한에 대한 씨감자 지원사업을 중점적으로 해오고 있다. 2009년 현재 사무총장, 대북사업 담당 등 3명의 상근직과 씨감자 조직배양 및 농업부문을 담당하는 2명의 비상근 인력을 두고 있고, 북측과의 협상창구는 아시아태평양평화위원회, 민족경제협력연합회, 농업성 및 농업과학원이다. 남북농업발전협력민간연대가 그동안 추진해온 씨감자 지원사업은 <표 3-15>, <표 3-16>과 같다.

표 3-15 남북농업발전협력민간연대의 씨감자 지원사업 진행상황

사업명	사업목표	사업기간
씨감자 생산 남북협력사업	2년간 '씨감자 지원사업'을 추진하여 얻은 사업성과를 토대로 '씨감자 생산 남북협력사업'으로 전환하기로 합의	1999~2000년
씨감자 재배 남북협력사업	남북농업발전협력민간연대와 북측 민경련은 2년여 간 씨감자 사업이 차질 없이 진행됐음을 평가, 이를 향후 사업명으로 전환하기로 합의	2000~2003년
씨감자 조직 배양시설 및 기술 이전사업	씨감자 조직배양시설을 통하여 생육기간이 짧은 품종의 배양 및 배양기술 이전	2003년~지속사업
씨감자 조직배양 준비실 및 원종장 지원사업	조직배양된 씨감자의 우수품종들을 원종장을 통하여 씨감자 대량생산으로 유도하는 등 우수품종의 확보를 목표	2004년~지속사업
씨감자 원종자 및 저온저장고 지원사업	씨감자의 지속적인 생산을 추구하고 저온에 저장하여 장기 보존을 함	2005년~지속사업
씨감자 채종사업 및 원종장 지원 사업	씨감자 채종을 통해 대량생산을 하고 협동농장에 공급하는 것을 목표로 함	2006년~지속사업

표 3-16 남북농업발전협력민간연대의 씨감자 지원대상 및 지역

사업명	지원대상	지역
씨감자 생산 남북협력사업	함경북도 온성군 왕재산협동농장 외 4개 지역 협동농장	함북 온성군 외 4개 지역 / 양강도 농촌경리위원회
씨감자 재배 남북협력사업	함경북도 온성군 남양협동농장 대홍단군 종합 감자 생산농장 평양시 형산협동농장 외 2개 지역	양강도 삼지연군 포태협동농장 외 2개 지역 평양 근교 형산협동농장
씨감자 조직배양시설 및 기술 이전 사업	농업성 및 농업과학원	원산시 씨감자 공장 평양시 평천구역
씨감자 조직배양 준비실 및 원종장 지원사업	농업성	평양시 평천구역
씨감자 원종자 및 저온저장고 지원사업	농업성	평양시 평천구역
씨감자 채종사업 및 원종장 지원사업	농업성 및 농업과학원	평양시 근교 협동농장 및 황해북도 황주군 일대

남북농업발전협력민간연대는 씨감자 조직배양시설 기술 및 생산시스템을 지도하기 위하여 분기별로 방북하여 모니터링하고 투명성을 확보하려 계획하였으나 계획과 같이 이루어지지 못하는 실정이다. 연 3회 정도 방북하여 모니터링을 하고 기술지도와 씨감자 조직배양실 기자재 지원을 통하여 투명성을 확보한 정도이다. 향후 남북농업협력 대북 지원단체의 중심체로서 감자생산을 통해 북한의 식량난 해소에 일조하고 식량자급을 구조적으로 지원할 계획이다.

④ 월드비전

사회복지법인 월드비전(회장 박종삼)은 미국 캘리포니아 주 몬로비아에 소재한 월드비전 국제본부에 의하여 설립되었으며 도움을 필요로 하는 사람들에게 기독교 정신에 입각하여 봉사함으로써 복지사회 건설에 기여함을 목적으로 한다. 대북사업 상근인력은 3명으로, 적어 보이지만 그 외 대학교수, 농촌

진흥청 인사 등 30여 명의 농업기술자문을 위한 전문가 그룹을 갖추고 있어 활발한 사업을 진행할 수 있다. 북측과의 협상창구는 초기에는 큰물피해대책위원회, 아시아태평양평화위원회였고, 현재는 민족경제협력연합회다. 월드비전의 북한농업 지원사업은 초기에는 긴급구호사업이었으나 1996년 국수공장을 설치하면서 체계적이고 안정적인 지원사업의 면모를 갖추게 되었고, 1998년 협동농장 지원사업과 수경재배를 통한 채소 생산사업을 전개하면서 개발협력사업으로 전환하게 되었다. 월드비전은 씨감자 생산사업을 전개하면서 농업 개발사업에 대한 전문성을 갖추게 되었으며, 매년 실시하는 '남북농업과학 심포지엄'을 통해 남북이 상호 협력할 수 있는 사업을 구상, 제안하는 과정에 따라 중·장기적 사업을 선정하였다.

씨감자 생산사업을 시작으로 그동안 채소 생산, 과수 및 채소육종, 국수공장 등 다양한 사업을 진행해 왔으며 민간 최초로 남북농업과학 심포지엄을 개최하는 등 활발하게 활동하고 있다. 그중 채소 생산사업은 평양 만경대구역, 평양 두루섬 지역, 채소육종사업은 평양 미림 남새(채소)연구소, 씨감자 생산

표 3-17 월드비전의 사업 현황

사업명	사업목표	사업기간(연도)
씨감자 생산사업	무바이러스 씨감자의 지속적인 공급 체계 수립	1단계: 2000~2004년 2단계: 2005~2009년
채소 생산사업	새로운 관비재배기술 전수를 통해 어린이와 임산부, 환자들에게 연중 신선한 채소를 공급	1998~2009년 현재
과수 및 채소 육종사업	채소 종자개량과 채소묘의 안정적 생산을 통해 채소 생산성 증대 및 북한 주민 채소 공급량 증대 / 과실 품종개량과 생산기술을 전수하여 과실 공급량 증대	2004~2010년 현재
국수공장 운영사업	국수공장 1곳에서 매일 인근 주민 1만 명에게 한 끼의 국수를 지원하는 체계 구축 / 평양 외 전국에 사업장을 확대 설치 운영	1996~2009년 현재
남북농업과학 심포지엄	씨감자, 채소, 과수 등 원예 분야의 농업기술 교류협력의 성과를 검토하고, 향후 남북협력을 촉진하기 위해 중국과 북한을 오가며 심포지엄 개최	2001~2009년 현재

사업은 평양 농업과학원, 양강도, 대홍단군, 평안북도 정주, 황해남도 배천, 함경남도 함흥, 국수공장사업은 평안남도 개천, 안주, 평안북도 선천, 강원도 원산, 함경남도 신창, 과수묘목사업은 평안남도 숙천 등으로 확장되었다.

월드비전의 모니터링은 현장방문을 원칙으로 하되 분배보고서도 정기적으로 보고받는다. 월드비전은 지방 사업장을 연 2회 이상 방문하여 현장의 기술자들과 토론하고 사업에 대한 진행과정을 점검하고 있으며, 연 1회 실시하는 남북농업과학 심포지엄에서 한 해 농사에 대한 총괄보고를 받는다. 모든 자료를 문서화하는 것이 원칙이어서 북측의 농업과학원에서도 사업에 대한 전반을 문서로 보고받고 있다. 월드비전은 향후 씨감자 채종단계에서 역병과 병충해 방제를 위한 기술적 협력이 지원될 수 있도록 채종포에서의 씨감자 원종증식을 2단계 사업으로 추진할 계획이다. 또한 북한의 취약계층이 직접 채소를 재배해서 섭취할 수 있도록, 소규모의 태양열 온실을 지원하는 사업을 확대할 계획이다.

⑤ 우리민족서로돕기운동

우리민족서로돕기운동(상임공동대표 영담 · 이일영 · 윤여두 · 인명진 · 최완규)은 북한의 극심한 식량난이 외부세계에 알려지고 북한이 긴급지원을 호소하던 1996년에 창립되었다. 우리민족서로돕기운동은 한국의 천주교, 기독교, 불교계 등 6대 종단과 주요 시민사회단체가 함께 참여하는 국민운동조직이며 광주·전남지부를 설치하였고 20명의 상근자를 두고 있다.

우리민족서로돕기운동에서는 농기계 지원을 통해 적기에 이앙과 추수를 가능케 함과 동시에 수확물의 손실을 줄여 농업 생산성을 향상시키고자 하였다. 또한 기계화 영농이 필수적으로 요구되는 두벌농사(이모작)의 기반을 마련하고자 하였다. 그동안의 지원 지역은 황해북도(사리원시), 황해남도(신천군), 평안남도(대동군), 평안남도(강서군) 등이었다.

우리민족서로돕기운동은 북한농업 지원사업 추진을 위해 우리민족서로돕기운동 관계자, 공동추진단체 대표자가 방북하여 북측 관계자와 사업의 내용

표 3-18 우리민족서로돕기운동의 사업 현황

사업명	사업기간 및 규모
농기계, 잠종, 종자 등을 지원	2001년(24억 원)
농기계, 농기계 수리공장 자재 및 설비, 농기계 부품 등을 지원	2002년(29억 원)
농기계, 농기계 수리공장 자재 및 설비, 각종 농자재 지원	2003년(14.8억 원)
농기계, 농기계 수리공장 자재 및 설비, 각종 농자재 지원	2004년(18.7억 원)
우리민족·금성·동양 농기계공장 준공, 각종 농기계, 건설자재 및 각종 설비, 공구 지원 / 못자리 비닐, 비료, 각종 농약, 분무기, 비닐온실 물자 등 지원	2005년(32.6억 원)
온실자재, 비료, 농약, 농기계부품, 사료 등 물자 지원 농기계협력사업 및 이앙기 조립기술 지원 / 식품가공공장 원료 지원	2006년
강남군 당곡리, 개풍군 양묘장의 종자, 비료, 농약, 경운기, 트랙터 등 농자재 지원 / 남포 양돈장 종돈, 사료, 동물약품 등 지원 / 벼농사, 양돈장 등 농업기술 지원	2007년
개성 개풍양묘장의 종자, 비료, 농약, 경운기, 트랙터 등 농자재 지원 / 평양, 남포 양돈장 종돈, 사료, 동물약품 등 지원 / 개풍양묘장의 양묘기술 지원	2008년

및 규모, 지원대상 지역 및 지원 일정 등을 협의하여 사업 전반에 관한 계획을 수립해 왔다. 또한 각 분야별 관련 전문가가 방북하여 지원물자에 대한 전달 과정을 확인하고 사용방법 등 기술적인 제반 문제를 설명하였으며, 건설 및 설비 시공 시에는 현장에서 북측 관계자들을 직접 지도하였다. 또한 사업성과를 확인하기 위해 지원단체 및 기업 대표자를 포함한 대규모 방북단을 구성하여 지원 현장을 방문하여 그 성과를 확인하였다.

⑥ 통일농수산사업단

2001년 농산업체와 농민단체 인사들은 남북 간의 농업 교류협력을 촉진시켜 통일농업기반을 조성하고 한반도의 평화와 통일에 기여하고자 '(사)통일농수산포럼'을 창립하였다. 통일농수산포럼은 농업 관계자들이 참여하는 월례 세미나, 심포지엄 등을 통해 남북협력에 관한 연구, 정보·기술·경험을 공유하는 활동을 활발히 펼쳐 왔다. 그 과정에서 농업 전문성을 갖춘 책임성 있는 남북농업협력 추진체 설립의 필요성이 대두됨에 따라 지난 2005년 3월 통일농수산사업단을 설립하게 되었다. 통일농수산사업단은 정부의 대규모 지원 아래 협동농장 대상의 농업 개발협력 시범사업을 전개해 왔다. 금강산 및 개성 지역에서 추진해온 남북 공동영농사업이 바로 그것이다. 삼일포협동농장에서 처음 시작된 공동영농사업은 2006년 금천리협동농장과 인근 9개 협동농장을 포괄한 금강산 지역 전반의 농업 개발협력으로 확대된 바 있다. 이런 성과가 바탕이 되어 지난 2007년부터는 개성 지역에도 송도리협동농장을 비롯한 공동영농사업이 도입되었다. 2009년 현재 통일농수산사업단이 진행 중인 북한의 협력사업 대상 농지는 총 1,669헥타르에 달한다. 그 밖에도 미생물 공장, 농기계 수리소, 비닐온실, 양돈장 등 여러 시범사업을 추진하고 있다. 금강산·개성 지역 공동영농사업은 본 장의 지원분야별 현황에서 구체적으로 언급하고자 한다. 통일농수산사업단의 공동영농사업은 북한 협동농장의 식량 생산 증대, 영농기반 확충, 농업기술 개선, 새로운 소득원 개발 등에 큰 도움이 된 것으로 평가된다. 또한 생생한 현장 경험을 바탕으로 한 북한의 농업 실태에 대한 구체적 정보와 지식이 남측에 쌓이고, 대북 농업 개발협력에 관한 다양한 선행 사례와 지표가 축적된 점도 매우 소중한 성과라 아니할 수 없다.

(4) 국제사회

북한은 1995년 들어 외부로부터 식량을 지원받기 위한 적극적인 활동을 펼치기 시작하였다. 일본 대표단이 북한을 방문한 직후인 1995년 5월 북한은 일본의 자민당 인사를 통해 식량 지원을 요청하였다. 같은 해 8월 북한은 유엔인도지원국(UNDHA)에 긴급구호 요청을, 세계보건기구(WHO)에 의료진 파견을, 유엔아동기금(UNICEF)에 5만 달러 상당의 콩을 원조해줄 것을 요청하였다. 북한의 긴급요청에 대해 인도지원조정국은 유엔개발계획(UNDP), 유엔식량농업기구(FAO), 세계식량계획(WFP), 세계보건기구(WHO)와 공동으로 북한 식량난 및 배급 상황에 대한 현지 조사를 실시하였으며 9월에는 이를

표 3-19 주요 국제기구의 대북 농업 개발지원사업

단체명	시작 연도	주요사업	관심 분야
유엔개발계획 (UNDP)	1998	투입물 프로그램 농업기반 복구 프로그램 비료산업 재건 프로그램 산림 및 환경 개선 프로그램 국내외 교육훈련 및 연수	농업 및 환경 복구 사업 능력개발
세계식량계획 (WFP)	1995	취로사업을 위한 식량 지원 어린이 교육을 위한 식량 지원	식량안보
유엔식량농업기구 (FAO)	1995	이모작 확대사업 토양검사를 통한 효율적 비료 사용	농업기술
국제농업개발기금 (IFAD)	1996	잠업개발사업(1996~2002년) 작물 및 축산 복구사업(1997~2003년) 밭 식량안보사업(2000년~)	농업 복구 농촌 주민 소득 증대 사업

자료 : 권태진 외, 「남북한 농업 개발협력 추진 방안 연구」, 한국농촌경제연구원, 2007.

바탕으로 한 유엔합동호소(Consolidated Appeals Process, CAP)를 발표하여 국제사회의 지원을 촉구하는 한편 직접지원에도 나서게 되었다.

유엔의 대북 식량 지원창구인 세계식량계획(WFP)과 유엔식량농업기구(FAO)는 1990년 중반부터 일 년에 한두 차례씩 대표단을 북한에 파견, 작황과 식량 공급현황에 대한 조사를 벌여오고 있다. 곡물작황 평가는 일반적으로 가장 풍작이 예상되는 지역과 가장 흉작이 예상되는 지역을 집중적으로 조사하여 단위 면적당 생산량을 직접 계산하고 평균 수확량을 계산하여 내린다. 추곡생산량에 대한 평가 결과는 매년 식량 지원 계획을 산정하는 기준이 되고 있으며, 지원요청을 위한 기초자료로도 활용된다. 이를 통해 국제사회는 1995년부터 1999년까지 미화 6억 7백80만여 달러를 지원하였으며, 주요 지원 물품은 식량, 비료, 의약품 등이었다(<표 3-20>). 그러나 북한이 2005년부터 유엔의 대북 통합지원을 거부한다는 의사를 표명함에 따라 북한 내 인도지원조정국 사무소가 폐쇄되었고, 지원방식도 유엔합동호소(CAP)에 의한 지원에서 개별지원으로 전환되었다.

표 3-20 국제사회의 대북 지원 실적(1995~2009년) (단위: 만 달러)

연도	목표	실적	실적률 (%)	국가별 지원액
1995.9~ 1996.6	2,032	927	45.6	미국 222.5, 일본 50, EU 38 등
1996 ~ 1997.3	4,364	3,439	78.8	EU 860, 미국 717, 일본 600, 한국 335 등
1997.4~12	18,439	15,838	85.9	미국 4,537, EU 2,752, 일본 2,700, 한국 2,533 등
1998	38,234	21,587	56.3	미국 17,185, EU 798, 스웨덴 383, 캐나다 340, 노르웨이 232, 오스트레일리아 228, 덴마크 195, 핀란드 72 등
1999	29,208	18,989	65.0	미국 16,070, EU 798, 스웨덴 383, 캐나다 340, 노르웨이 232, 오스트레일리아 228, 덴마크 195, 핀란드 72 등
2000	31,376	15,310	48.8	일본 9,566, 미국 2,923, 오스트레일리아 666, EU 478, 스웨덴 280, 노르웨이 229, 캐나다 171, 덴마크 151, 핀란드 113 등
2001	38,398	24,797	63.5	일본 10,489, 미국 10,270, 한국 1,579, 이탈리아 708, 독일 291, 오스트레일리아 289, 스웨덴 244, 스위스 222, 노르웨이 189 등
2002	24,684	22,001	89.1	미국 6,349, 한국 1,624, EU 947, 오스트레일리아 339, 캐나다 245, 스웨덴 228, 영국 171, 노르웨이 144, 독일 135, 덴마크 101 등
2003	22,937	13,310	58.0	미국 3,152, 한국 1,683, EU 1,602, 러시아 1,000, 독일 323, 이탈리아 652, 캐나다 437, 스웨덴 407, 노르웨이 248 등
2004	20,880	15,158	72.6	일본 4,660, 한국 2,509, 미국 1,906, EU 1,557, 스웨덴 910, 오스트레일리아 797, 캐나다 477, 독일 426, 이탈리아 403 등
2005	-	4,523	-	EU 1,322, 독일 777, 스웨덴 549, 이집트 388, 노르웨이 324, 핀란드 291, 네덜란드 132, 캐나다 132, 한국 107 등
2006	-	1,915	-	한국 728, 스웨덴 498, 노르웨이 221, 오스트레일리아 78, 아일랜드 70, 덴마크 69, 네덜란드 65, 독일 63, 핀란드 59 등
2007	-	9,966	-	한국 2,437, 유엔긴급지원자금 1,110, 오스트레일리아 585, 스웨덴 532, 독일 506, EU 398, 이탈리아 377, 노르웨이 335 등
2008	-	4,358	-	한국 1,149, 독일 499, 스위스 430, 스웨덴 415, 이탈리아 370, 유엔긴급지원기금 340, 노르웨이 309, 네덜란드 202 등
2009	-	4,193	-	유엔긴급지원자금 1,900, 스웨덴 833, 노르웨이 470, 캐나다 330, 오스트레일리아 261, 이탈리아 123, 한국 109, 스위스 69 등
합계	-	176,312	-	

자료: 한국농촌경제연구원, 『KREI 북한농업동향』 제11권 제4호, 한국농촌경제연구원, 2010.1.

한편 한국정부는 국제기구를 통한 대북 간접지원을 지속적으로 진행해오고 있다. 국제기구에 현금으로 공여하거나, 물건을 직접 구매하여 북한에 제공하는 형태로 추진되며, 북한 내의 사업은 국제기구에서 담당한다. 1996년부터 2008년 9월까지 FAO 등 8개 국제기구는 대북 지원사업에 총 1,934억원을 지원하였다. 그중 농업분야 대북 지원은 WFP를 통한 옥수수, 분유 지원이 가장 많다. 국제기구의 연도별 농업분야 대북 지원내역은 <표 3-21>과 같다.

표 3-21 연도별 농업분야 국제기구 지원내역(1996~2007년) (단위: 만 달러)

연도	사업 내용	집행액
1996년	WFP(세계식량계획)를 통한 혼합곡물 지원(현금)	200
1997년	UNICEF(유니세프)를 통한 국산 전지분유 지원(현물)	100
	WFP를 통한 혼합곡물 지원(현금)	600
	WFP를 통한 옥수수 5만 톤, 국산 전지분유 300톤 지원	1,000
	WFP를 통한 아동용 혼합곡물 지원(현금)	400
	UNICEF를 통한 국산 전지분유 지원(현물)	300
	FAO(유엔 식량농업기구)를 통한 영농자재 지원(현물) – 국산농약, 방제복, 분무기 등	50
1998년	WFP를 통한 식량 지원(현물) – 옥수수 5만 톤, 국산 밀가루 1만 톤, 중국산 옥수수 3만 톤	1,131
2001년	WFP를 통한 옥수수 지원(현물) – 중국산 옥수수 10만 톤	1,822
2002년	WFP를 통한 옥수수 지원(현물) – 중국산 옥수수 10만 톤	1,898
2003년	WFP를 통한 옥수수 지원(현물) – 중국산 옥수수 10만 톤	1,800
2004년	WFP를 통한 옥수수 지원(현물) – 중국산 옥수수 10만 톤	2,400
2007년	WFP를 통한 식량 지원(현물) – 옥수수 2만 4,000톤, 콩 1만 2,000톤, 통밀 5,000톤, 밀가루 2,000톤, 분유 1,000톤	2,000

3) 지원분야별 현황

(1) 비료 및 농자재 지원

1995년 집중호우로 인하여 북한 곡물 생산량은 378만 톤에 그쳤고 이는 1994년에 비해 50퍼센트 가까이 감소된 것이다. 비료, 농약, 농업용 유류, 비닐, 농기계 부품 등 농업 생산요소 및 기자재의 생산량이 절대적으로 부족했다. 대표적 사례로 비료의 경우 성분량 기준 약 60만 톤이 필요하지만 생산량은 소요량의 34퍼센트인 20만 톤 내외에 불과하였다. 1990년대 중반의 농자재 공급 부족, 농기계 동력 저하, 열악한 수리관개 상황 등 농업기반 붕괴로 인해 식량생산량이 감소되었고 이는 농업기반을 복구하기 어려운 상황에 처하게 하는 악순환의 고리가 형성되게 하였다. 1998년 유엔개발계획(UNDP)이 실시한 조사에 의하면 북한의 농업현장에서 운행 가능한 농기계 동력은 보유량의 20퍼센트 수준에 머무는 것으로 추정되었다. 농기계 동력 저하는 적기 농작업에 지장을 초래하게 되는데, 특히 이모작이 확대된 이후 수확-파종-이앙 등이 한꺼번에 이루어지는 농번기의 동력 부족은 오히려 생산량을 감소시키는 중요한 요인이 되었다.

이에 따라 북한농업 지원사업의 전반기라고 할 수 있는 1999년부터 2002년까지는 식량 증산을 위한 비료, 생산설비 및 농자재 지원사업이 정부, 지자체, 민간단체 등 대북사업 주체들의 주된 사업 내용이었다. 비료는 대부분 정부 지원으로 이루어졌으므로 지자체, 민간단체는 종자, 농약, 경운기, 탈곡기 등 농자재 지원사업을 진행하였다.

표 3-22 정부의 대북 비료 지원규모 (단위: 만 톤, 억 원)

구분		1999	2000	2001	2002	2003	2004	2005	2006	2007
비료 지원	지원량	15.5	30	20	30	30	30	35	35	30
	지원액	–	944	638	832	836	1,028	1,206	1,333	961

자료: 통일부, 『남북협력기금백서』, 2008.11.

그림 3-6 북한 협동농장에 지원한 농자재(2008년)

정부 차원의 직접적인 대북 지원은 대규모 식량과 비료 지원을 중심으로 추진되었다. 1999년 비료 15.5만 톤 지원을 시작으로 2007년까지 총 225.5만 톤을 무상 지원하였다. 당시 북한은 장기간 경제침체로 인하여 연간 비료 공급량이 소요량의 약 30퍼센트에 그치고 있었는데, 연간 총 사용량 24만 톤(실제 소요량 58만 톤) 중 72퍼센트에 달하는 17만 톤이 남한을 포함한 국제사회의 지원물량으로 충당되었던 것이다. 그중 남한에서 지원하는 물량은 북한 사용량의 50퍼센트 이상을 차지할 정도로 남한의 비료 지원이 북한농업 생산성에 결정적인 영향을 미쳤다.

민간단체와 지방자치단체는 매년 비료 지원과 함께 종자, 농약, 경운기, 탈곡기 등 다양한 농자재를 북한 측에 지원하였다. 비료 및 농자재는 생산자재로서 농업 개발지원의 가장 기본적인 수단이었다. 국제옥수수재단은 북한의 농업 생산력 복구를 위해 북한의 시험포에서 우수 옥수수 종자를 선발하고 여기서 선발된 품종을 육성하는 등 종자개량 지원사업을 진행하였다. 또한 월드비전, 남북농업협력민간연대의 씨감자 종자개량 지원사업 등도 북한농업 생산성 향상에 크게 기여하였다. 우리민족서로돕기운동은 1996년부터 대북 농업기술협력사업에서 농기계 사용 증대를 위해 영농자재, 경운기, 콤바인 등 농기계 지원을 지속적으로 진행해 왔다.

(2) 농업기반 조성 지원

2005년 북한은 극심한 식량부족에서 벗어나면서 국제사회에 식량 지원을 농업 개발사업 지원으로 전환해줄 것을 요청하였다. 이러한 배경 아래, 남한의 지자체와 민간단체는 축산·과수·채소·잠업·특용작물 분야의 온실난방, 육묘장, 도정공장, 창고, 농업용 지하수, 식품 가공공장 설립 지원, 농기계 수리공장 건설용 자재 및 설비 지원 등 북한의 농업기반 조성과 농업구조 개선을 통해 궁극적으로 북한농업의 자립능력의 제고를 새로운 협력체제의 목표로 설정하였다.

① 식품공장 건립 지원

북한의 식량난, 특히 취약계층의 식량난 해소를 위한 식품공장 지원사업이 활발하게 진행되었다. 당시 식량난으로 가장 피해를 많이 받고 있었던 어린이 및 임산부 등 취약계층에 우유, 산양유, 빵, 콩기름 제공을 위한 일환의 빵공장, 우유공장, 콩기름공장 지원사업이 추진되었다.

민간단체로는 굿네이버스의 젖소목장 지원과 우리민족서로돕기운동, 한국대학생선교회의 젖염소 지원사업, 동북아한민족협의회와 우리겨레하나되기운동본부 및 한민족복지재단의 빵공장 지원, 선한사람들의 콩기름공장 운영 지원이 대표적이다. 서울시와 울산시는 북한 아동을 대상으로 한 제과원료, 이유식 생산시설을 지원하였고, 전라남도는 평양 발효콩 공장 건립을 지원한 후 빵공장 건립도 지원하였다. 경기도는 2005년 평양시 보통강구역 식품 가공공장 지원사업(연생산 규모: 냉면 1,800톤, 당면 700톤)을 추진하였다.

② 농기계 수리공장 지원

전라남도는 2003년 평남 대동군에 대지 1,000평/건평 300평에 달하는 농기계 수리공장의 준공과 영농자재, 농기계를 지원하는 사업을 추진하였다. 2004년에도 대동 농기계 수리공장의 수리장비 및 콤바인 등 부품을 지원하는 사업을 계속하였다.

전라북도는 2004년 황해남도 신천군에서 농기계 지원 및 농기계 수리공장 건설사업을 추진하였다. 콤바인, 경운기, 파종기, 이앙기 등 중소형 농기계를 지원하고 농기계 수리공장 신축에 소요되는 건설자재와 농기계 수리시설, 부품 등을 지원하였다.

우리민족서로돕기운동은 대북 농업기술 협력사업에서 농기계 사용 확대에 목적을 두고 1996년부터 영농자재, 경운기, 콤바인 등 농기계 지원을 지속적으로 진행하였다. 2002년에는 경기도와 협력하여 북한 내의 농기계 수리시설 확충에 초점을 두어 평양, 평안남도 대동군, 황해도 신천군, 평양시 강남군에 농기계 수리공장을, 2005년에는 평안도 강서군에 트랙터공장 조립시설 건설을 지원하였다.

③ 육묘장 건립 지원

경기도는 북한 측 민화협과 산림녹화협력사업의 일환으로 개성시 개풍양묘장 조성사업을 추진키로 하고 합의서를 교환하였다. 이는 경기도가 그동안 꾸준히 추진해온 남북 교류협력사업의 성과를 바탕으로 개성 지역에 첫발을 내딛는 중요한 순간이기도 했다. 개성시 개풍동 양묘장(9헥타르) 조성을 위하여 양묘하우스 3,300㎡, 5톤 트럭, 경운기, 트랙터, 조상기 등 농기계와 양묘용기, 상토 등 기자재, 잣나무 종자 등 양묘장 조성을 추진하였다. 2011년까지 5개년 계획에 따라 150만 그루 규모로 추진했던 양묘장 조성사업은 2008년 백합나무 종자, 소나무, 잣나무, 호두나무 등을 비롯하여 양묘장 운영에 필요한 관리동, 창고, 차고, 발전시설 건립을 추진할 계획이었으나 남북관계가 경색되어 중단되었다. 개성 지역 산림녹화사업은 북한의 황폐한 산림을 생태적으로 복원하기 위한 사업으로서 북한의 산림이 산업화와 경제성장의 근간이 될 수 있도록 녹화 및 지속관리를 추진할 계획이다. 동시에 나무심기행사 등 도민 참여를 유도, 도민의 남북교류협력사업에 대한 이해 및 지지를 높여 나갈 것이며, 재선충·솔잎혹파리·송충이 등 산림 병충해 방제사업도 병행 추진할 계획이다.

월드비전은 2007년에 200평 규모의 벼 육묘공장을 평양 농업과학원 벼 연구소에 설치하고 어린모 기계이앙을 시연하였다. 북한 지역에서는 상자육묘에 소요되는 상토개발을 비롯한 여러 연구가 이루어지고 있으며, 주요 벼생산단지인 해주, 정주, 함흥 지역에서 그 효과를 검증하는 시험재배가 진행 중이고, 벼 유전자원 교류 등도 모색하고 있다.

평화의 숲은 양묘장 조성사업을 통해 평양 근교(150만 그루 생산규모)와 강원도, 고성(100만 그루 생산규모) 지역에 양묘장을 조성하여 산림복구를 위한 묘목생산을 지원하였다. 산림 분야 지원 교류기반을 마련하기 위해 북한 산림시찰 및 산림 분야 협력방안 회의 및 아까시나무에 관한 남북 전문가 학술토론회 등 남북 전문가 회의를 개최하여 왔다.

한민족복지재단은 2006년부터 북한 지역에 직파 벼 재배기술의 시연 및 확대를 추진해 왔다. 평남 숙천군 약전리, 평양 순안구역 농장에 복토직파기, 종자, 비료 등을 지원하여 총 1,200헥타르(약전리 800헥타르, 순안구역 400헥타르) 면적에서 직파재배를 추진하였다. 벼+보리/밀/유채 이모작, 콩, 옥수수, 잡곡 등에 직파재배 방식을 도입하였고, 북한 천리마트랙터에 직파기를 부착하여 시범운영하는 등 시범사업을 추진하였다. 한민족복지재단이 실시한 벼 직파재배법은 노동력 및 농자재 절감 측면에서 북한의 호응이 높았다. 2006년 사업 결과, 약전리농장은 높은 생산성을 기록하여 우승기, 표창장, 인센티브 등을 받았다. 본 사업에 대해 남한에서는 한민족복지재단, 한국농업대학, 농촌진흥청, 국제종합기계, 금강기건 등이 참여하였으며, 북한에서는 민족화해협의회, 농업과학원, 약전리 및 순안구역 농장관계자가 참여하였다.

④ 온실 건립 지원

경상남도는 남북 교류협력위원회 및 실무기획단을 구성하여 2006년 1월 개성에서 합의서를 체결하고 평양시 강남군 장교리에 경남통일농업협력회와 민관협력으로 농업협력사업을 추진하기로 하였다. 협의내용에 따라 평양시 순안구역 천동국영농장에 시설채소용 온실 13개 동을 신설하고 평양 시민에게 공급할 채소를 연중 생산토록 하였다. 수박, 고추, 토마토, 배추, 상추, 시금치 등 과채류 및 엽채류의 새로운 작부 체계를 북한 농장원들과 협의하여 수립하였다. 파이프, 비닐, 관정자재 등 온실자재와 종자, 농약, 비료, 상토 등 재배용 자재를 지원하였다.

전라남도는 2003년 '대동농기계수리공장 준공'의 성과를 낸 데 이어, 2005년부터 평안남도 대동군을 남북농업의 협력과 통일의 전진기지로 만들기 위하여 비닐하우스 단지 4,000평을 조성하고 벼 육묘 및 채소재배를 지원하였다. 모내기 단계에서 이앙기와 모판, 못자리용 비닐 등을 지원하여 남측 방식의 모내기를 대대적으로 전개하여 주체농법의 변화를 이끌어냈다. 비닐하우스 건설과 시설재배 단지를 시범적으로 조성하여 우리 측의 앞선 농업기술을 전수하는 한편 이를 남북농업 교류의 집적화 단지로 조성하고자 하였다.

강원도 고성군농업협력단은 북한의 고성온실농장을 대상으로 농업기자재, 농업기술, 운영관리기술 등을 지원하는 농업 개발지원사업을 추진해오고 있다. 이 지원사업은 북한의 고성온실농장을 중심으로 농업 개발지원사업과 상업적 협력사업이 공존하는 특수한 농업협력사업의 일환으로 추진되고 있다. 주요 사업은 과채류재배 온실농장에 소요되는 농업기자재 지원, 과채류 재배기술 지원, 상품관리 및 납품 협력 등이다. 벼 육묘용 온실을 활용한 채소 재배협력사업도 동시에 추진하고 있는데 통일농수산사업단, 경기도, 통일준비네트워크, 충청북도 등도 이에 해당된다.

⑤ 축산업 지원

축산 지원사업은 초기의 취약계층을 위한 지원에서, 2003년 이후 북한의 식량사정이 어느 정도 개선되고 북한이 동물성 단백질 공급에 관심을 쏟게 되면서, 양돈장 및 양계장 설립으로 전환되었다.

민간단체사업으로 굿네이버스의 닭목장 지원사업, 농업협동조합중앙회 및 통일농수산사업단 등의 양돈장 지원사업이 있다. 하지만 사료 조달 비용이 만만치 않아 민간단체 독자적으로 대규모 축산 지원사업을 추진하기에는 많은 어려움이 있는 것이 사실이다.

굿네이버스는 2006년 북한 남포에 축종별 배합사료를 생산하기 위한 사료공장을 신축하였다. 굿네이버스는 배합기, 이송기, 계량기, 건축물자를 지원하여 사료공장을 신축했고 배합사료 생산에 소요되는 사료원료를 공급하기 시작했다. 사료공장은 3,000평 규모에 연간 5만 톤의 배합사료를 생산하는 시설로서 북한 전역의 축산목장에 공급할 예정인데, 이는 사료난으로 위기에 몰린 북한 축산업 현대화에 크게 기여할 것으로 보인다. 사료공장이 본격적으로 가동되면 연간 우유 1만 톤, 돼지고기 1만 2,000톤, 닭 1,600만 마리를 생산할 수 있으며, 한편 가격경쟁력을 갖추어 러시아 등 주변국가로도 수출할 계획이다.

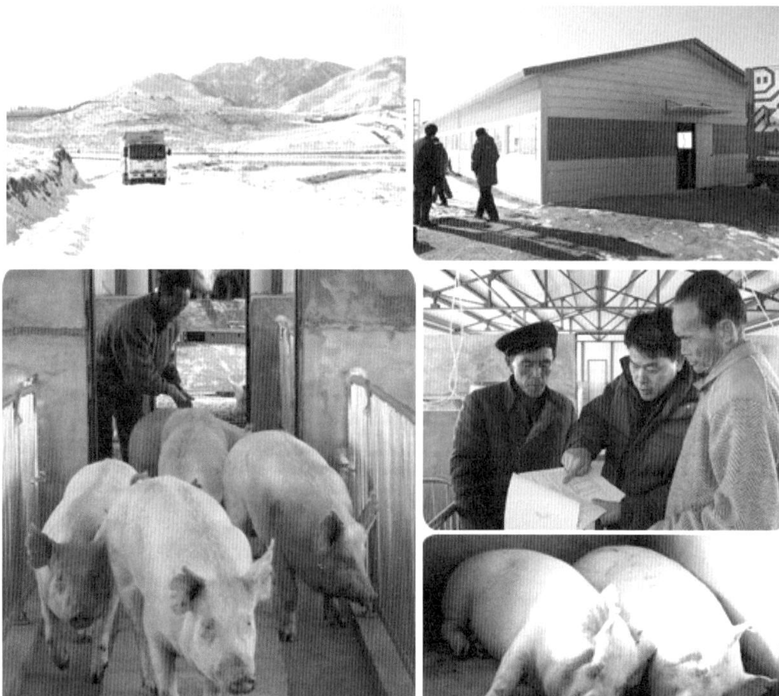

그림 3-7 개성 송도리협동농장에 남측 돼지 보내던 날(2007년 11월 23일)

양돈 협력사업은 지난 2007년 제4차 제주도민 방북 때 북측과 사업 내용을 세계 평화의 섬 이미지에 걸맞게 감귤·당근 협력사업 위주에서 흑돼지 사육 협력사업으로 확대키로 합의함에 따라 추진하게 된 사업이다. 2008년 10월 제주도 실무협의단은 평양을 방문해 평양시 동구역 덕성리 소재의 '평양돼지 농장'(20만 ㎡ 규모, 1972년 준공)을 점검하고, 2009년 상반기까지 3개 동에 대한 개·보수를 지원하고 1개 동을 제주흑돼지 농장으로 만드는 것에 합의하였다. 2009년 1월에는 제주흑돼지 농장이 들어설 분만사 1개 동에 필요한 내부기자재를 지원하였다.

(3) 협동농장 경영 지원

협동농장에 대한 개발지원사업은 규모가 크고, 지속적인 사업이므로 자금 조달이 중요하다. 따라서 자금마련에 어려움이 있는 민간단체는 독자적으로 규모화된 협동농장을 지원하기 어려운 실정이다. 통일농수산사업단의 대북 지원사업은 정부와의 합동사업으로서 민간지원단체의 북한농업 지원사업 중 가장 규모가 크다. 지자체가 추진하는 협동농장 중 대표적인 사례는 경기도가 추진하는 평양시 강남군 당곡리협동농장과 경상남도가 추진하고 있는 평양시 강남군 장교리협동농장이다.

① 당곡리협동농장

2005년 북측은 신년사에서 농업을 '주력전선'이라고 발표하였는데, 이에 맞추어 경기도는 벼농사 시범사업을 제안하여 2005년 4월 개성에서 사업합의서를 체결하였다. 이 사업을 추진하기 전 경기도 농업기술원에서는 북측 지역에서 재배하기에 적합한 품종을 선택하는 작업을 진행하고 있었는데, 1997년부터 2000년까지 중국 요녕성 쇼우다오(手稻)연구소와 경기도 최북단 지역인 연천, 파주 지역에서 북한의 유망품종 수량 특성 검정시험을 실시하였다. 또한 2001년부터는 위성데이터를 이용해 북측 서부 평야지대의 기후상황을 점검하여 남측 벼 재배 시 쌀의 수확량 향상 가능성 검토를 마친 상태였다.

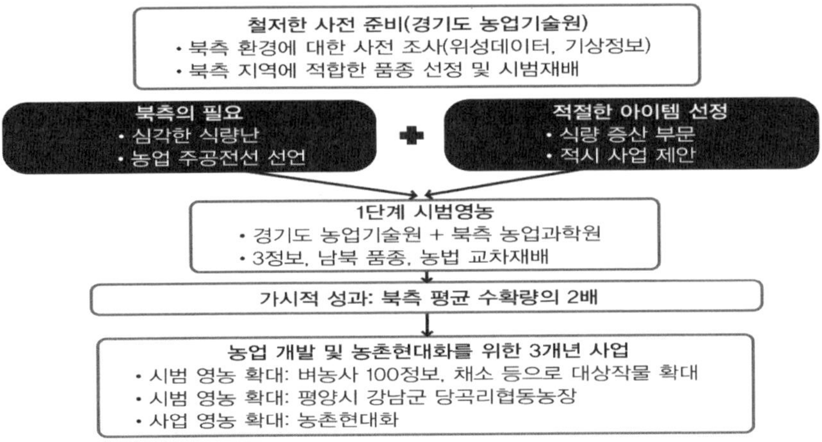

자료: 최용환, 「경기도 남북교류사업의 현황과 비전」, 경기개발연구원, 2008.12.

그림 3-8 당곡리협동농장의 사업 추진 체계

합의서의 주요 내용은 벼농사 시범영농 및 기자재 지원, 황해북도 농기자재 지원, 식품 가공공장 설비 지원 및 문화 교류 등이었다. 이에 따라 평양 소재 농업과학원 근처 3정보에 남측과 북측의 벼를 심고 남북의 농법을 모두 시험해보는 시범영농도 실시하였다.

벼농사 시범사업의 추진 결과 평균 생산량은 헥타르당 4.94톤으로 북측의 평균 생산량 2.7톤을 크게 상회하였고, 이에 북측은 높은 관심을 표명하였다(최용환 2008). 2005년 벼농사 시범사업의 성공에 힘입어 2006년 경기도는 「농업 개발 및 농촌현대화를 위한 3개년 사업」이라는 중기 북한농업 지원사업을 추진하였다. 시범영농단지는 100정보, 사업 대상 지역도 농업과학원 시범포가 아닌 지방 협동농장(평양시 강남군 당곡리)으로 확대하였다. 이외에도 사업 대상 지역의 농촌 현대화 사업을 병행하기로 하여 농기계 및 기술 지원 등도 제공하였다. 벼농사 사업은 2006년 100헥타르, 2007년 이후에는 200헥타르로 규모를 확대하였다. 2006년에는 헥타르당 쌀 5.12톤을 수확하였는데 이는 남측 평균 수확량 5.0톤을 상회하는 실적이었다(당시 북측의 평균 수확량은 3.0톤 수준이었음).

② 장교리협동농장

경상남도는 2006년 1월 개성에서 민간단체인 경남통일농업협력회와 함께 합의서를 체결하고 평양시 강남군 장교리에 북한농업 지원사업을 추진하기로 하였다. 2006년 4월 이앙기 250대를 전달하고 장교리 벼 육묘장 준공식을 진행하면서 본격적인 사업이 시작되었다. 주요 사업 내용으로는 벼농사 지원, 온실 운영, 밭 작물 재배, 농기계 지원, 양묘장 조성 등이 있다.

경상남도와 경남통일농업협력회는 2006년 1월부터 9월까지 총 8차에 걸쳐 평양특별시 강남군 장교리협동농장에 총 11억 2,000만 원 상당의 농업 관련 물품을 지원함으로써 양호한 농업기반을 조성하였다. 구체적으로 2006년 경상남도는 200헥타르의 공동 벼농사를 비롯, 24개 동에 달하는 남새(채소)온실을 건립하여 사계절 내내 고추, 토마토 등 각종 채소를 생산할 수 있도록 했다. 또한 이앙기 250대와 경운기 5대, 1톤 트랙터 1대 등 농기계를 지원하였다. 특히, 농사 경험이 풍부한 전문가들이 수시로 방문하여 40만 평 규모의 벼농사를 공동으로 짓고, 육묘공장에서 딸기모종을 생산하며, 비닐온실에서 각종 채소를 재배하는 등 농업기술과 농법을 전수하였다.

장교리협동농장 사업으로 쌀 생산량은 25퍼센트 정도 증산된 것으로 알려졌고, 남새온실(1헥타르)에서 재배한 채소의 수익은 전체 400헥타르에서 나오는 수익의 절반을 차지할 만큼 큰 성과를 거둔 것으로 나타났다. 경상남도의 장교리협동농장 지원사업의 두드러진 특징은 농사 경험이 많은 민간인들이 농업 지원사업에 파트너로 참여하여 현지 농민들의 협력수요를 파악하고 공동으로 농사를 지으면서 남한의 농업기술을 전수하였다는 것이다. 경상남도의 농업 지원사업 파트너인 경남통일농업협력회 회원들은 수시로 방북하여 현재 농민들에게 육묘공장과 비닐온실의 건립, 각종 농기계 조작·수리, 육묘기술, 재배관리 기술 등에 대해 지도하였다.

③ 구빈리협동농장

굿네이버스가 1998년부터 현재까지 추진해온 구빈리협동농장 축산 개발 지원사업은 평양시 강동군 구빈리, 강남군 장교리, 남포시 지역을 포괄하며, 북한의 식량난 해소와 주민 소득 증대를 통하여 아동의 영양 상태 개선 및 건강 증진을 목표로 한 지원사업이다. 아울러 북한 주민들을 사업에 참여시켜 자립할 수 있는 역량을 강화시키고 결과적으로 빈곤퇴치와 삶의 질 향상을 도모하는 데 그 의의가 있다. 초기에는 북한의 식량난 해소를 위하여 북한에 우량젖소를 지원하고 현대화된 우사를 신축해주고, 낙농기자재를 지원하였으며 아울러 과학적인 사양관리 기술을 이전하였다.

1998년 대안젖소목장, 용강젖소목장, 중화교젖소목장, 구빈리협동농장에 젖소 104마리를 지원하기 시작하여 2007년까지 510마리의 젖소를 지원하였으며, 2009년 현재 사육두수는 1,148마리이며 연간 우유 생산량은 1,148톤에 이른다. 매년 우유병, 요구르트 컵 등 우유생산에 소요되는 기자재를 지원한다. 특히, 1998년 지원받기 시작한 구빈리협동농장은 육류, 우유 및 우유가공품을 생산하여 평양 시내에 납품함으로써 고소득 농장으로 자리매김하였다. 2006년에는 570톤, 2008년에는 650톤의 우유를 생산했으며 600세대 1,200명의 농장원이 일인당 연간 2~3톤의 염소젖을 생산하여 판매하는 것으로 보고되었다. 2006년에는 인공수정 기술이 전수되어 우유 생산량을 늘리기도 하였다. 구빈리협동농장 내의 서포닭목장(40만 수), 삼석닭목장(종계장, 1만 4,000수), 용성닭목장에 현대화된 시설을 신축하고, 종란·약품·설비·사료 등을 공급하였으며 사양관리 기술을 이전하였다.

낙농·육우 협력의 결과로 지역소득이 높아지자 구빈리협동농장에서는 단위별 경쟁체제를 도입하였다. 1999년에는 각 반별 경쟁체제로 운영하였고, 2002년 들어서는 개인별 성과제를 도입하고 지배인이 사업장 책임자로 배치되면서 연간목표를 설정하고 이를 달성하기 위해 적극적으로 사업에 임하는 풍토가 조성되었다. 농가별 수입도 증가하여 2002년 기준으로 농장원의 연평균 수입은 5만 원이었다. 최고 수입을 올린 농장원 부부의 수입은 20만 원, 최저 수입을 올린 부부의 수입은 2~3만 원으로 차등되어 개인당 10배 가까운 수입 차이가 났고 근로의욕을 고취시키는 계기가 되었다.

④ 금강산·개 성 지역 공동영농사업

통일농수산사업단이 2004년부터 추진해온 「금강산·개성 지역 공동영농사업」은 정부가 대규모로 지원하는 민·관 합동사업의 대표적인 사례라고 할 수 있다. 2004년 금강산 지역 삼일포협동농장의 수도작 시범포사업을 시작으로 2005년 명승지종합개발지도국과 삼일포 공동영농사업 합의서를 체결하여 금강산 지역에서 사업을 추진하게 된 데 이어, 2007년에는 이를 개성 지역으로 확대하여 추진하게 되었다. 금강산 지역에는 삼일포협동농장, 금천리협동농장 등 인근 9개 협동농장을 포함하여 총 11개 협동농장이 있는데 경지면적은 논면적 1,800헥타르, 밭면적 700헥타르로 총 2,500헥타르에 달한다. 개성 지역의 송도리협동농장은 논면적 500헥타르, 밭면적 800헥타르로 총 1,300헥타르인데 그중 남북 공동영농사업 지역으로 정해진 면적은 2007년 389헥타르, 2008년 506헥타르다. 금강산·개 성 지역 공동영농사업에서는 주로 식량 생산 증대, 영농기반 강화, 기술 개선, 지역 소득원 개발 등 4개 분야에서 사업을 진행하였다. 2005년 삼일포협동농장의 중점적 개발과 주변 10개 협동농장의 시범 구역에 영농물자를 지원하기로 한 공동영농사업에는 총 20억 5,000만여 원이 지원되었는데 그중 통일농수산사업단은 자체 예산 1억 1,000만 원을 집행하여 양돈장과 시설채소 온실을 확대하였다. 2007년부터 개성 지역의 공동영농사업이 추진됨에 따라 전체 예산부담을 줄이기 위해 금강산 지역의 사업비를 전년대비 34퍼센트 감축시켰고 2008년에는 기존 사업 유지를 위한 최소 사업비로 전환시켰다. 반면 개성 지역의 사업 총 예산은 2007년 15억 7,000만여 원, 2008년 22억 5,000만 원으로 확대하였다.

통일농수산사업단의 공동영농사업은 협동농장의 새로운 복합경영체계 수립에 중점을 두고 추진되었다. 논농사의 생산성 향상과 함께 두벌농사(이모작) 기반을 확대하고, 옥수수 위주의 밭작물 작부 체계를 개선하며,

표 3-23 금강산·개성 지역 공동영농사업 개요

사업개요	금강산 지역	개성 지역
벼재배협력	남한 '오대', '태봉'과 북한 품종인 '룡산2호' 등의 재배 확대 / 벼종자 채종기술 북한에 전수 / 조기이앙 80퍼센트 달성 / 남한육묘방식 성공적으로 정착	300헥타르 농장에 벼 시험재배 / 남한 '오대', '화동'과 북한 품종인 '평도15호' 등 재배 확대 / 벼종자 채종기술 북한에 전수 / 2009년 벼 생산성 4.2톤/ha로 기존 대비 30퍼센트 가량 향상
밭작물재배 협력	영농자재 투입효과가 밭작물 생산성 증가에 크게 기여 / 13회 이상 기술 교류를 진행 / 기존 재배관행 개선 효과가 생산성 증가로 나타난 것으로 평가	200헥타르 밭작물 재배협력 진행 / 콩, 감자, 고구마, 김장채소 등의 우량종자 지원 / 2008년 콩 생산성은 1.37톤/ha, 감자는 14.2톤/ha, 고구마는 7.5톤/ha, 김장배추는 45톤/ha
두벌농사협력	보리 수확량은 4.68~5.30톤/ha로, 기존 대비 40퍼센트 증가	'새찰쌀보리', '올보리', '금강밀' 등의 우량종자를 지원 / 토양개량제와 농약을 지원 / 2007년 20헥타르 면적의 두벌농사를 실시 / 보리 · 밀 생산성이 약 3.5톤/ha으로 70톤 증수효과 획득
농업기계화	금강산 지역 10개 협동농장에 트랙터 34대, 경운기 100대, 이앙기 3대, 콤바인 5대 지원 / 농업 기계화율 45퍼센트로 향상 / 2006년 농기계수리소 설치 / 2007년 정비요원 7명 육성	총 500헥타르 규모의 농기계를 지원 / 송도리협동농장의 농업기계화율 60퍼센트로 제고 / 부품 · 소모품, 유류 지원, 농기계 운전자에게 상시적으로 안전교육과 조작교육 실시
양돈협력	250두 규모의 양돈연수장 설치 / 비육돈사, 원종돈사 신축 / 종돈 56두, 육성돈 30두 입식	2007년 우량종돈 30두 입식 / 매월 40두, 연간 500두 출하 / 양돈사료, 소독약, 항생제, 철분제, 소독장비, 방역기구 지원 / 전반 기술경영관리 교육 실시
시설채소 재배협력	삼일포협동농장에 20개 동, 금천리에 98개 동의 비닐하우스를 건설	60개 동의 온실단지를 운영 / 엽채류, 과채류 우량종자 지원 / 토양개량제 31톤, 채소복비 25톤, 농약 등의 영농물자 지원 / 육묘상자와 상토를 지원 / 기술교육을 실시
기타 사업	북고성읍 내 애국미생물액비공장 종균, 배지, 배양시설을 지원 / 금천리협동농장에 퇴비 생산시설을 건설	1헥타르 인삼포장 조성 / 과수 및 양묘 기반 조성

표 3-24 금강산·개성 지역 공동영농사업 사업별 집행예산 (단위: 백만 원)

분야	세부사업	금강산 지역 집행예산				개성 지역 집행예산	
		2005	2006	2007	2008	2007	2008
식량 생산 증대	수도작 생산성 증대	379	176	165	61	216	532
	밭작물 생산성 증대	231	112	172	7	145	190
	두벌농사 확대	24	25	28	–	21	20
소 계		634	313	365	68	382	742
영농기반 강화	농업 기계화 촉진	803	689	126	18	442	520
	농기계 수리, 운용체계 개선	–	216	136	30	–	205
	토양개량 및 지력 증진	72	91	–	25	–	–
	수리관개 개선	–	3	–	–	38	–
	기타(육묘장, 저장창고)	–	–	82	–	141	–
소 계		875	999	344	73	621	875
기술 개선 인적 교류	공동협력 시범사업	82	85	214	–	57	102
소 계		82	85	214	–	57	102
지역 소득원 개발	상업적 양돈 기반 조성	108	223	119	128	133	251
	시설채소 기반 확대	90	304	220	107	255	67
	기타(인삼, 과수 및 양묘)	–	–	–	–	–	242
소 계		198	527	339	235	388	560
영농물자 예산 합계		1,789	1,924	1,262	376	1,448	2,129
물류	영농물자 운반, 통관	208	110	98	20	68	109
기술협력	투명성제고 / 방북기술협력	49	45	58	15	45	17
사업관리	평가, 자문단 운영비	–	–	13	4	15	0
전체 합계		2,046	2,079	1,431	415	1,576	2,255

자료: 통일농수산사업단, 『남북 공동영농사업백서』, 2009.

축산·시설채소·과수·특작 등과 같은 다양한 복합경영의 기반이 확충되도록 하였다. 이를 통해 협동농장의 작부 체계와 농업기술을 개선하고, 그에 걸맞은 토지이용 및 노동조직의 변화를 가져왔다. 이로써 개성공업지구 및 금강산관광지구 배후 지역에 대한 농업 개발을 통해 생산성을 높이고 기술수준을 향상시켜 공단 및 관광지구에 농산물을 판매하여 수익을 거두는 것이 가능할 것으로 예상된다. 금강산 지역의 경우 일부 납품이 이루어지고 있으며, 개성공단의 경우 식자재용 농축산물 납품에 대한 구체적인 협의를 진행하고 있다. 향후 남북관계가 개선될 경우 계약재배 및 위탁생산을 통해 남한으로 반입하는 경제협력이 실현될 수 있을 것으로 보인다. 콩나물 이외에 인삼, 양잠, 과수 등의 분야에서도 상호 간 협력을 진전시킬 수 있는 토대를 마련하였다.

(4) 기술 지원 및 컨설팅

농업기술 측면의 제약요인을 완화하는 것은 북한의 식량생산 증대가 제대로 실현될 수 있도록 만드는 것과 같다. 이는 크게 두 가지 측면에서 접근할 수 있는데, 하나는 북한의 농업기술이 정상적인 생산 증대 효과를 거둘 수 있도록 관련 영농자재와 시설설비를 보완하는 것이며, 다른 하나는 외부로부터 새로운 농업기술을 유입시켜 관련 영농자재 및 시설설비를 보완하는 것이다. 북한농업 지원사업을 지속적으로 진행해온 단체들은 지원사업과 기술지도를 동시에 병행하여 북한의 생산성 향상에 큰 기여를 하였다.

경기도는 경기도농업기술원의 전문가들로 기술진을 구성하여 처음부터 단기 사업이 아닌 3개년 사업으로 추진하였기 때문에 기술이전사업을 지속적으로 진행할 수 있었다. 관계자들은 수차례의 북한 방문을 통해 북측 지역에 적합한 품종 선정 및 시범재배를 진행하여 철저한 사전준비를 하였다. 남한의 기계이앙 벼 육묘기술이 북한의 냉상비닐박막못자리(육묘일수 50~55일)에 비해 묘상면적이 작고 육묘관리기간이 30~35일로 짧은 집약적 육묘방법임이 입증되었다. 이전의 북한 벼 육묘기술은 냉상비닐박막못자리뿐이었으나 생육 초기 저온시기의 비닐하우스 이용 육묘, 보온절충못자리 육묘 등 육묘기술이 다양화된 데 이어 상자육묘를 이용한 단기간 육묘로도 최대수량성을 나타낼 수 있는 계기가 마련되었다. 기술 지원 이전까지 북한에서는 시비할 때 비료 등 자원이 부족하여 기비-분얼초기-분얼중기-이삭거름-알거름 등 5회로 나누어 실시하였다. 그러나 기술 지원에 따라 남한의 육묘와 이앙법을 적용하고 시비도 기비-분얼기-이삭거름의 3회로 나누어 하는 등 노동력 절감이 가능한 시비기술이 보급되었다.

또한 우리 측의 농기계 지원을 통해 기존의 북한 협동농장 영농 체계가 '우마차+천리마트랙터+주체농법 이앙기' 체계에서 '경운기·트랙터+이앙기+동력분무기+콤바인' 체계로 전환됨으로써, 작업 단계별 정밀 초생력화 작업(이앙, 병충해 방제, 수확+탈곡+대량 정선+볏짚 절단)이 가능해졌으며 운반수단이 우마차에서 경운기로 바뀌는 등 혁신이 이루어졌다. 육묘전용 비닐하우스 설치와 시설채소 재배기술의 전수로 벼 육묘 후 토마토, 오이 등 경제작물재배를 통해 협동농장 자체적으로 수익사업 창출이 가능하게 되었다. 벼농사 못자리용 비닐하우스 내에 소형터널 설치를 통해 가온하지 않고 육묘할 수 있는 보온육묘기술, 채소전용 상토와 못자리 상토 이용, 채소전용 플러그트레이 이용 육묘법 등 남한의 발전된 채소 육묘기술을 전수하여 낙후된 채소 육묘기술을 한층 끌어올렸다. 개화 후 착과를 위한 착과제 사용기술, 호박 인공수정기술 등 수량성 향상과 품질이 높은 과채류 생산을 위한 주요 생육시기별 재배관리기술을 전수함으로써, 채소작물 재배는 당곡리협동농장의 부식재료를 공급하고 새로운 소득원을 제공하는 계기가 되었다.

기존에 재배하지 못했던 새로운 작목인 방울토마토와 수량성이 높은 오이, 호박 품종 등을 소개하여 남한 채소품종과 작목에 대한 관심을 고조시키고 당곡리 채소농사 발전에 새로운 가능성을 제시하였다. 또한 북한이 벼 기계이앙, 시설재배 원예 하우스 설치 및 시설채소 재배 등 선진농업기술을 빠른 속도로 받아들임으로써, 이를 통해 앞으로 남북 간 농업협력사업이 확대 전개되면 시장 포화상태에 도달한 남한의 각종 농기계, 농약, 비닐하우스 육묘상자 등 농자재 산업이 활성화될 수 있으리라는 기대감도 생겼다.

월드비전의 북한농업 지원사업은 초기 긴급구호를 위주로 진행하였으나 1998년부터 씨감자, 채소 생산, 과수묘목 지원사업과 함께 기술 지원사업을 병행하였다. 씨감자 생산의 핵심은 무바이러스 씨감자 공급인데, 당시 북한의 자체 기술과 시설로는 확대가 어려운 실정이었으며 주요 농업정책으로 추진하고 있던 '감자혁명'에 큰 걸림돌이 되고 있었다. 이에 월드비전은 농촌진흥

그림 3-9 북한에서 사용되는 우리 콤바인(2008년)

청의 분무식 수경재배기술을 북한에 이전하고 무바이러스 씨감자를 증식하여 보급하는 체계를 지원하였다. 월드비전과 농업과학원 사이에서 이루어지고 있는 씨감자 생산기술협력은 현재 북한의 국가 씨감자 생산 체계의 근간으로 자리 잡았다. 앞으로는 씨감자 증식단계에서 병충해 방제와 바이러스 이병률을 낮추고, 협동농장 포장은 생산성을 높일 수 있는 감자 생산기술협력으로 이어질 때 우량 씨감자가 생산될 수 있을 것이다.

월드비전이 북한의 농업과학원과 중앙남새연구소와 진행하고 있는 채소 생산기술협력은 ① 채소 공정육묘 생산기술 ② 채소 종자 채종기술 ③ 주요 채소(배추, 무, 고추) 육종기술 ④ 노지채소(봄, 여름) 생산기술 ⑤ 온실채소(토마토, 오이) 생산기술 ⑥ 채소 유전자원 교류 등으로 압축할 수 있다. 남북한 채소 생산기술협력에는 월드비전 자문교수와 농진청 전문가들이 참여했으며 이를 통해 상호 전문적인 기술협력이 이루어질 수 있었다. 농업과학원 산하 연구소와 협동농장에서 필요한 채소 생산과 작물별 육종 및 채종 전문가를 양성하기 위한 상호협조도 이루어졌다. 북한이 사과 품종갱신과 새로운 사과 재배기술인 키 낮은(저수고 밀식재배) 사과원 조성에 많은 관심을 갖고 있어 2007년부터는 농업과학원 본원 실험포장에 키 낮은 사과원 0.5헥타르, 배 Y자 밀식재배과원 0.5헥타르 포장을 조성하여 국내 개발 신품종을 제공하고 품종선발과 재배기술을 공동 연구하기 시작하였다. 여기에는 농진청 원예연구소 과수과의 전문가와 월드비전 과수 자문교수 등이 참여하였다.

굿네이버스는 1998년부터 축산개발 협력사업을 추진해 오면서 선진적인 축산 사육기술 지원을 병행하였다. 우리 측은 기술자 파견을 통하여 우유 및 달걀의 생산량 증대와 효과적인 사육에 필요한 사육환경 개선방법을 협의하고 선진기술을 제공하여 북측의 낙후된 축산업 발전을 도모하였다.

남북농업발전협력민간연대는 씨감자 생산용 조직배양시설 및 기술 지원을 추진하여 왔다. 한반도의 식량자립이 매우 절박한 문제이며, 해결을 위해서는 남과 북이 협력해야 한다는 취지 아래 사업을 진행하여 왔다. 이에 따라 강원도 원산에 3,000만 알 규모의 씨감자 배양시설을 설치하여 북한 동부 지역에 씨감자 원종을 생산, 공급하여 왔다. 조직배양시설 등의 지원을 통해 감자종자개량 기술제고에도 기여하였다.

(5) 농촌환경 개선사업

① 원산농민기술강습소 보수

북한의 농민기술강습소는 도농촌경리위원회에 소속되어 있고 분조 관리자에 대한 재교육 기능을 갖고 있다. 다시 말해 일선에서 북한의 농업 생산력 증대를 책임지고 있는 지도자를 교육하는 기관이다. 교육은 보통 3개월 과정으로 운영되는데 강의 1개월, 현장실습 2개월 과정으로 진행된다. 원산농민기술강습소는 1954년 연면적 1,500평의 2층 건물로 건축되었고 1980년 4층으로 증축되었으나 상당히 노후되어 있었다. 북강원도 농업협동농장의 분조 관리자에 대한 효과적인 교육이 농업 생산 증대 및 농업발전과 직결되는 문제라고 인식한 강원도는 북측과 공동으로 노후된 원산농민기술강습소 보수를 진행하기로 합의하였다. 강원도는 보수에 필요한 자재를 제공하고 북강원도는 인력을 공급하여 실제 공사를 담당하는 방식으로 진행되었다. 2004년 6월 및 9월 두 차례에 걸쳐 공사에 필요한 자재를 제공하였고, 2005년 11월에는 강원도 기획관리실장을 단장으로 하는 대표단이 원산을 방문하여 보수 사업 결과를 확인하였다.

② 농촌생활 개선사업

남북강원도는 북한농업 지원사업의 발전기반을 조성하고 북강원도 농업발전의 발판을 마련하며 북강원도의 도로교통 여건을 개선한다는 목적으로, 2000년 김진선 도지사의 북한 방문 당시 북강원도 도로보수와 관련 내용의 확인서를 작성·교환하였다. 2004년 4월, 도로보수 자재 2,000톤을 제공하여 도로보수를 진행하였는데 이는 북강원도 주민에게 통행 편의를 제공했을 뿐만 아니라 동해선 도로연결의 의미도 갖고 있었다. 남북나눔운동은 2005년부터는 농촌 주거환경 개선사업의 일환으로 황해북도 봉산군 천덕리에 농촌주택 400채와 탁아소 4곳, 유치원 4곳의 신축을 지원하였다. 농촌주택은 단층에 지붕을 올렸으며 식수용 우물을 개발하여 급수시설 2곳을 신설하였다. 덕천리는 800여 세대가 살고 있는 곳으로 향후 여건이 되면 주택과 탁아소 및 유치원의 개·보수를 연차별로 지원할 예정이다. 농촌에서 소요되는 소농기구와 인근 산을 조림할 묘목용 유기질 비료 등도 지원하였다. 이외에도 평양 근교 두루섬의 수경재배단지에 과채류 종자, 농업비닐 등을 지원하였다.

국제기아대책기구는 2004년부터 식수환경 개선사업을 추진해오고 있다. 평양적십자병원, 봉산군 젖염소농장, 강남군 장교리 돈사, 만경대구역 내분비병원, 보통강구역 전분공장, 강남군 남새온실 등에서 지하수를 개발하고 오수처리시설, 식수 소독약 등을 지원하였다. 이 밖에도 함경북도 라진, 회령, 양강도 대홍단군 등에 유기질 비료, 콩, 옥수수 등 종자, 소농기구 등을 지원해오고 있다.

2. 농업 교류협력사업 현황

1) 당국자 간 논의구조 및 합의사항

1990년 8월 「남북교류협력에 관한 법률」 제정, 1991년 9월 남북한 UN 동시가입과 12월 남북기본합의서 체결 등이 이루어짐에 따라 남북교류 확대에 대한 기대가 높아졌다. 1992년 초부터 남북관계는 급진전되어 2월에 기본합의서가 발효되었고 5월에는 남북경제공동위원회가 구성되었다. 아울러 1992년 2월 김영삼 정부 출범 후 남북 경제 교류 활성화를 위한 정부의 적극적인 자세 변화와 비전향 장기수 이인모의 방북 허용, 신경제 5개년계획 중 포함된 「남북경제교류협력부분계획」 수립 등 남북 경제 교류협력을 추진하기 위한 방안들을 강구하기도 하였다. 그러나 1993년 3월 북한이 NPT 탈퇴를 선언하고 북핵문제가 국제적 이슈로 떠오르자 남북관계 전반이 경색되었다.

1990년대 말 김대중 정부가 들어서면서 대북 정책기조는 크게 변화하였다. 2000년에는 분단 50년 만에 열린 역사적인 남북정상회담에서 교류·협력 및 대화 활성화와 상호 신뢰 구축의 일환으로서의 이산가족 등 인도적 문제 해결, 경협 등 남북한 교류협력 활성화, 당국 간 대화 개최에 합의하게 되었다. 2005년 북한은 극심한 식량부족에서 벗어나면서 국제사회에 대하여 식량 지원을 중단하는 대신 이를 농업 개발사업으로 전환해줄 것을 요청하였다. 국제사회와 달리 남한은 당국 차원의 농업협력위원회를 열고 농업 개발협력사업을 협의하였으며 민간 차원에서도 시범 성격의 개발 지원을 추진하였다.

2005년 8월, 남북농업협력위원회 합의사항은 시범농장 조성 및 운영, 농업과학기술 및 인력 교류, 종자부문 및 산림자원 보호, 축산·과수·채 소·잠업·특용작물 분야 등에서의 협력사업 추진 등이었다. 남북농업협력위원회 체계가 지닌 의미는 첫째, 책임 있는 당국 간의 농업협력 채널을 만들었고 둘째, 농업협력위원회를 매개로 당국 간 농업협력을 추진하게 되면 민간의 협력사업과 달리 규모가 커질 수 있기 때문에 농업협력의 확대 가능성이 높아졌으며 셋째, 북한의 농업기반 조성과 농업구조 개선에 비중을 두어 궁극적으로 북한농업의 자립능력 제고가 새로운 협력체제의 목표가 될 수 있으며 넷째, 협력의 단계적 접근방식을 채택하였는데, 현재 남북한은 경제체제, 농업정책, 농업구조, 농업기술 등 모든 면에서 많은 차이가 있으므로 시범사업을 통하여 성공사례를 발굴하고 확대할 수 있는 점 등이다.

2007년 2차 남북정상회담 이후 남북농업협력 실무접촉, 남북총리회담, 경제협력공동위원회, 남북농수산협력분과위원회 개최 등을 통하여 농업분야의 구체적 합의사항을 이끌어냈다. 양돈협력을 합의한 남북농업협력 실무접촉을 두 차례 추진하였으며, 최상위 협의기구인 총리회담에서는 농업분야의 종자 생산 및 가공시설, 유전자원 저장고 건설, 산림녹화 및 병충해 방제, 환경오염방지 협력사업 추진을 합의하였다. 총리회담에 대한 이행조치를 논의하기 위하여 남북농수산협력분과위원회 제1차 회의를 열고 종자생산 및 가공시설, 유전자원 저장고 건설에 대해서는 구체적인 추진일정까지 논의하였다. 아울러 당국 차원의 논의가 가장 절실하였던 동식물 검역 및 방역 체계 확립을 위해 상호 협력하기로 하였다.

2003년부터는 지방자치단체의 남북농업 교류협력사업이 확대되어 대부분의 지방자치단체에서도 남북협력위원회를 설치, 남북교류협력조례를 제정·운용하고 있으며, 자체 남북협력기금도 조성하여 농업 교류협력사업을 지원하고 있다.

경기도는 2003년 12월 북측의 「민족화해협의회(민화협)」와 제1차 실무회담을 갖고 양측은 남북교류협력에 대한 의향서를 체결하였다. 의향서에서 사업의 주체는 「경기도와 민족화해협의회」로 하고, 황해남북도 지역(필요시 평양)을 중점교류 대상 지역으로 하며, 농기계 지원, 의료 분야, 식품 가공공장 설비지원 등을 주요 사업 분야로 정하기로 합의하였다.

이후 이 의향서를 기초로 2004년도 사업 내역을 확장하기 위해 2004년 4월 평양에서 제2차 실무회담을 개최하고 합의서를 체결하였다. 여기에서 경기도

표 3-25 남북 당국 간 농업분야 협력 관련 회의 및 주요 합의사항

구분	주요 합의사항	비고
제1차 남북농업협력위원회	· 시범농장 조성 및 운영 · 종자정선시설 지원 · 농업과학기술 분야 협력 · 축산, 과수 등 분야 협력 · 산림녹화 협력	2005.8
남북농업협력 실무접촉 제1차 회의	· 축산(양돈)사업 추진 합의	2007.11
남북총리회담	· 종자생산 · 가공 시설, 유전자원 저장고 건설 · 산림녹화 및 병충해 방제, 환경오염방지 협력사업 추진	2007.11
남북농업협력 실무접촉 제2차 회의	· 양돈사업 자재 및 장비 제공 구체적 합의	2007.12
남북농수산협력분과 위원회 제1차 회의	· 종자생산 및 가공 시설, 유전자원 저장고 건설 2007년 중 착수, 건설을 위한 현지조사 · 우량종자 생산 및 관리기술 교류, 유전자원 교환, 유전자원 수집 · 보존 · 이용 등을 위한 공동연구 · 남북한 동식물 검역 및 방역 체계 확립을 위해 기술과 정보 교환, 장비의 현대화, 수의약품 협력 · 과수, 채소, 잠업, 축산, 농업과학기술 분야 협력	2007.12

자료: 이태호 외, 『상생공영의 남북 농업협력 발전방안 연구』, 2009.

는 벼농사 시범사업을 제안하였고 2005년 4월 개성에서 사업합의서를 체결하였는데, 사업합의의 주요 내용은 벼농사 시범영농 및 기자재 지원, 황해북도 농기자재 지원, 식품 가공공장 설비 지원 및 문화 교류 등이었다. 이에 따라 평양 소재 농업과학원 근처 3정보에 남측과 북측의 벼를 심고 남북의 농법을 모두 시험해보는 시범영농을 실시하였다. 경기도는 북측 민화협과 산림녹화협력사업 일환에서 개성시 개풍양묘장 조성사업을 추진하기로 하고 9월 13일 합의서를 교환하였다. 이는 경기도가 그동안 꾸준히 추진해온 남북 교류협력사업의 성과를 바탕으로 개성 지역에 첫발을 내딛는 중요한 순간이기도 하였다.

강원도는 2000년 12월, 강원도지사를 단장으로 하는 강원도대표단이 북한 민족화해협의회의 초청을 받고 원산과 평양을 방문, 민족경제협력연합회와 남북강원도 간 협력을 위한 5개 항의 기본 합의서 및 3개 협력사업에 대한 부속합의서를 체결하였다. 금강산의 솔잎혹파리를 남북이 공동 방제하기로 합의하였고, 북강원도의 도로교통 여건을 개선하는 목적의 북강원도 도로보수 관련 내용의 확인서를 작성·교환하였다. 2009년 3월에는 민족화해협의회와 경제협력 의향서를 체결하여 2000년 의향서에서 추진키로 하였던 경제협력 사업을 지속적으로 확대 추진키로 합의하였다.

제주도의 양돈협력사업은 지난 2007년 제4차 제주도민 방북 때 세계 평화의 섬 이미지에 맞추어 지원 내용을 감귤·당근 협력사업 위주에서 흑돼지 사육협력사업으로 확대키로 협의하여 추진하게 된 사업이며 북측이 요청한 사업이기도 하다.

전라남도의 경우 2002년 상반기 「광주전남우리민족서로돕기운동」이 북한 「민족화해협의회」와 「조선아시아태평양평화위원회」와 함께 전라남도와 평안남도 간의 교류를 추진하기로 구두 합의하였다. 이를 바탕으로 2002년 10월 전남 시장·군수협의회와 광주전남우리민족서로돕기운동 대표단이 방북, 교류협력 의향서를 교환하였다. 의향서 내용에 따라 평안남도 대동군에 농기계 수리공장을 신축하고 농기계 등을 지원하는 등 농업협력사업을 추진함과 동시에 발효콩 공장 사업, 시설원예 기술 지원사업, 남포산원 현대화 사업 등도 추진하였다.

경상남도의 남북농업 교류협력사업은 밀양시 소재 밀양육묘연합회의 2004년 12월 정기모임 때 북측에 고추모종을 보내자는 사업이 제안되면서 시작되었다. 2005년 3월, 밀양육묘연합회 회장은 금강산에서 제1차 남북 실무자 회담을 갖고 의향서를 교환하였고, 고추 모종 20만 주와 비료 및 비닐을 북측에 전달키로 합의하였다. 2005년 4월 금강산 제2차 남북 실무자 회담에서는 이미 약속된 내용 외에 이번 사업을 6·15 남북공동선언 10주년 기념사업으로 승화시키자는 북측 의사가 반영되어, 추가로 비닐하우스 5개 동 규모를 지을 수 있는 자재설비 일체를 공급키로 하였다. 하우스 지원사업은 밀양육묘연합회 지원사업과는 별도로 「통일농업을 위한 경남 교류협력 준비위원회」(가칭) 명의로 지원하기로 결의하였다. 아울러 향후 지속적인 남북농업 교류협력사업을 진행함과 동시에 농업인이 중심이 되는 민간 남북교류협력 단체로 더욱 발전시키기 위하여 경남 전체를 대상으로 회원을 모집하기로 결정하였다. 2005년 세 차례에 걸친 남북회담 시 밀양육묘연합회 회장은 북측 조선농업근로자동맹 중앙위원회와 접촉하여 의향서와 합의서를 교환하였다. 5월 합의내용에 따른 지원물자는 「우리겨레하나되기운동본부」를 통하여 북측에 전달하였다.

정부의 남북 합의사항은 농업분야 최초의 당국 간 합의였음에도 불구하고 북한의 소극적인 태도로 인하여 협력위원회 합의사항이 이행답보 상태에 있었다. 또한 정부의 남북 합의사항 자체는 민간단체를 통한 간접지원 및 교류형태로 진행하고 있기 때문에 사업 추진 성공률이 높지 못하였다. 남북 합의사항 내용은 일회성 지원이 아닌 장기간의 개발지원 내지 협력사업으로서 장기적인 계획과 지속적이며 구체적인 추후 협의를 필요로 하기 때문이다. 시범농장 조성 및 운영은 당국자 사이에서 추진되진 못했으나 2005년부터 정부의 대규모 지원 아래 (사)통일농수산사업단이 주도하여 동해안 금강산 지역과 서해안 개성 지역의 협동농장을 지원하는 형태로 성공적으로 추진되고 있다. 농업과학기술 분야 역시 당국자 사이의 공식적인 교류는 없었지만, 민간단체의 협력사업에 남북 농업과학자가 간접적으로 참여하는 형태를 취하였다. 종자생산 및 가공시설 지원은 구체화되지 못했으며, 양돈협력의 경우 두 차례의 실무접촉을 통하여 규모·예산·지원 내용 등을 논의하였으나 실행되지 못하였다. 유전자원의 교환·수집·보존·이용에 관한 협력은 민간단체를 통하여 간접적으로 논의된 바 있으며, 남북한 동식물 검역 및 방역 체계 확립을 위한 정보교환, 장비 현대화, 수의약품 협력은 부분적으로 실행되었을 뿐 체계적인 이행까지 나아가지 못하였다. 과수, 채소, 잠업 등에 관한 협력은 민간단체를 통한 기술 교류 형태로 일부 추진되었다.

지자체는 정부 간 남북 합의사항을 바탕으로 하여 자체적으로 북측 창구와 구체적인 사업 내용에 대한 남북합의서를 체결하여 다양한 사업을 추진하고 있다. 이러한 측면에서 지자체는 남북 합의사항 이행주체로서 큰 역할을 하고 있는 것으로 판단된다. 다만 북한의 소극적인 태도로 인해 사업 내용이 북측의 요구사항에 국한되어 있고, 남북경색 등 양국 간 정치국면의 영향을 받는 등 문제점들이 존재하는 것이 사실이다.

2) 교역 및 투자협력

1988년 「7·7 선언」 이후 시작된 남북 인적 교류 및 교역은 지난 20년간 양적으로 크게 성장하였다. 2008년 말 기준으로 남북 인적 교류는 관광객 수를 포함하여 총 266만 명, 교역액은 110억 달러를 웃돌고 있다. 반면 농업분야 대북 투자사업이나 계약재배 협력사업은 아직 정상궤도에 올라선 사례가 드문 실정이다.

(1) 인적 왕래

남북 간의 인적 왕래는 급격히 증가하여 2006년 10만 명을 돌파하였고 2008년에는 18.6만 명에 이르렀다. 남북 간 인적 왕래는 개성공단 개발이 본격화된 2005년부터 급격히 증가하였다. 남북 간의 인적 왕래 중 북한의 남한 방문 수가 차지하는 비중은 북한의 남한 방문이 재개된 2000년 8.8퍼센트에서 계속 줄어들어 2008년 현재 1퍼센트에도 미치지 못한다. 남북 인적 왕래 수의 대부분은 남한의 북한 방문 수다. 1989년부터 2008년까지 남한의 북한 방문 누계는 61.4만 명인 반면 동기간 북한의 남한 방문 누계는 7,000여 명에 불과하다. 그 밖에, 1998년부터 시작된 금강산 관광객은 2008년 말까지 총 193.4만 명, 2005년부터 시작된 개성 관광객도 11.2만 명에 달한다. 2004년 12월 개통된 남북연결 도로는 금강산 관광객 확대에 크게 기여하였다.

농업분야 북한 방문은 농업 지원사업에 따른 방문과 최근의 협동농장 운영

(단위: 명)

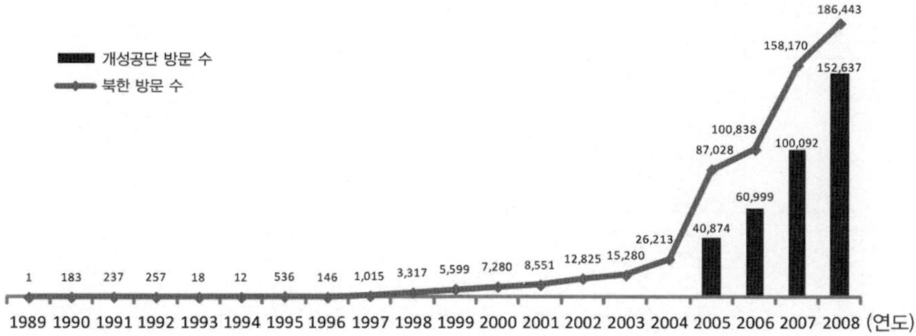

주: 금강산 관광 등 관광객 수는 제외됨.
자료: 통일부.

그림 3-10 북한 방문 수 현황(1989~2008년)

과 관련한 공동모내기·벼베기 등 사업들에 의한 방문으로 이루어진다. 제주도 감귤 지원사업에 대한 북한 측 화답이 있어 2002년부터 네 차례에 걸쳐 총 800여 명의 제주도민이 북한 묘향산 등 명승지와 개성마늘 임가공공장 등 현장견학을 하였다. 통일농수산포럼에서는 2008년 두 차례에 걸쳐 115명이 공동모내기·벼베기 행사에 참여하였다.

북한 동포들을 돕기 위한 인도적 차원에서 이루어진 제주도의 북한 감귤보내기 사업은 해를 거듭할수록 북측의 마음과 신뢰를 얻게 되었다. 따라서 북측은 남측의 교류협력 제의의 타당성을 이해하면서 제주도민의 대규모 북한 방문초청 사업을 진행하였다.

감귤 지원사업에서 비롯된 제주도민 방북행사는 일반적인 관광사업과 달리 교류 성격을 띤다. 3차 방북 시 제주도지사와 제주도의회 의장 등이 평양에서 북한민족화해협의회와 교류협력 간담회를 가졌고, 4차 방북 시에는 제주특별자치도 도지사를 비롯해 제주 지역 국회의원, 도의회 의장 등이 참가한 대표단이 개성마늘 임가공사업을 하고 있는 정성의학종합센터를 방문, 북측과 정책간담회를 갖고 폭넓은 의견교환을 진행하였다. 도민대표단의 북한 방

표 3-26 제주도민 대표단의 방북

구분	1차 방북	2차 방북	3차 방북	4차 방북
인원	253명	257명	256명	70명
일정	2002.5.10~15	2002.11.25~30	2003.8.25~30	2007.11.12~14
방문지	평양, 묘향산 등	평양, 묘향산, 개성 등	평양, 백두산 등	평양, 묘향산 및 개성마늘 임가공공장 등

문은 남북시대의 화해·협력사업을 위한 도민의 공감대 구축과 민족동질성 회복에 크게 기여하였다. 북한 방문단에 대한 설문조사에서 응답자의 98퍼센트가 방북이 북한의 현실을 이해하는 좋은 기회였다고 답했고, 80퍼센트는 감귤·당근 보내기 지원사업 외의 다양한 사업을 전개할 필요가 있다고 보았다.

(2) 교역상황

1990년 초반부터 2008년까지의 남북교역 증가 현황을 살펴보면 <그림 3-11>과 같다. 초기의 일반교역 및 위탁가공교역 중심에서 경공업과 광업 분야로 점차 확대되는 움직임을 보인다. 전체 교역액은 1989년 0.19억 달러에

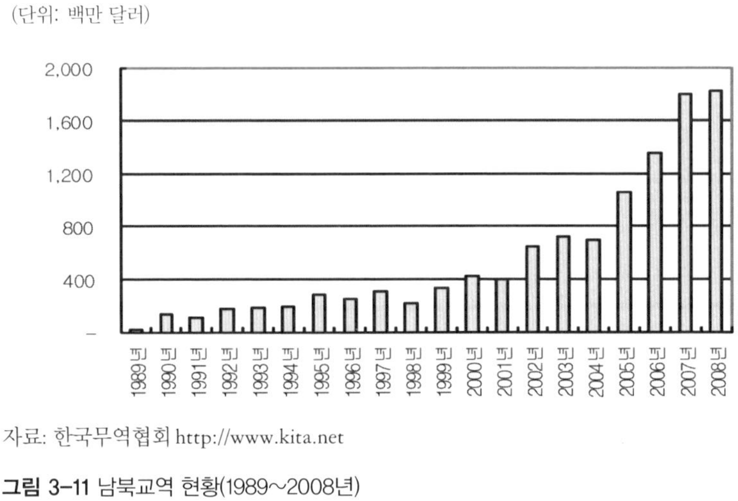

자료: 한국무역협회 http://www.kita.net

그림 3-11 남북교역 현황(1989~2008년)

서 시작하여 2005년에는 남북교역사상 처음으로 교역규모가 10억 달러를 넘어섰다. 2008년에는 1989년 대비 무려 95배나 증가한 18.2억 달러에 이르렀으며 20년간의 남북교역 총 누계는 110억 1,500만 달러를 기록하였다. 남북경협에 참여하는 민간사업자의 숫자도 크게 증가하였다. 통일부 통계에 따르면 경제 분야 협력사업자 승인현황은 개성공단에서 295건, 개성공단 외의 업체 88건에 이른다. 그 밖에 사회·문화 분야 협력사업 승인은 153건에 이른다.

남북교역을 거래 내용별로 보면, 상업적 거래(일반교역+위탁가공+경제협력)는 17.1억 달러로 전년 동기 대비 19.6퍼센트 증가하였다. 상업적 거래 가운데 위탁가공교역은 24.8퍼센트 증가한 4.1억 달러, 개성공단사업은 83.2퍼센트 증가한 8.1억 달러인 반면 일반교역은 13.4퍼센트 감소한 4억 달러였다. 반면 비상업적 거래(지원)는 70.5퍼센트 감소하였다(<표 3-27>).

표 3-27 부문별 남북교역 현황(2005~2008년) (단위: 백만 달러, %)

구 분			2005년	2006년	2007년	2008년
상업적 거래	교역	일반교역	210(22.4)	304(44.9)	461(51.7)	399(−13.4)
		위탁가공교역	210(19.1)	253(20.6)	330(30.4)	408(23.8)
		교역 소계	420(20.7)	557(32.7)	791(42.0)	807(2.0)
	협력사업	개성공단사업	177(3323.9)	299(69.0)	441(47.4)	808(83.2)
		금강산관광사업	87(108.4)	57(−34.9)	115(102.5)	64(−44.4)
		기타경제협력사업	6(8.3)	16(149.1)	12(−23.2)	20(66.7)
		경공업협력	−	−	73	12(−83.6)
		협력사업 소계	270(202.6)	372(37.3)	641(72.3)	904(41.0)
상업적 거래 합계			690(57.9)	929(34.6)	1,432(54.2)	1,712(19.6)
비상업적 거래	지원	민간 지원	243(34.8)	408(67.8)	250(−38.6)	67(−73.2)
		정부 지원	122(56.1)	12(−90.4)	79(574.2)	0(−99.5)
		지원 소계	365(41.2)	420(14.8)	329(−21.5)	67(−79.6)
	기타	사회문화협력 에너지 지원 등	−	−	37	41(10.8)
비상업 거래 소계			365(41.2)	420(14.8)	366(−12.6)	108(−70.5)
총계			1,055(51.4)	1,349(27.8)	1,798(33.2)	1,820(1.2)

자료: 통일부.

2003년 한국은 일본을 제치고 중국에 이어 북한의 제2 무역상대로 부상하였다. 여기에 비거래성 교역과 인도적 지원까지 고려한다면 한국에 대한 북한 경제의 의존도가 큰 비중을 차지함을 알 수 있다. 이는 남북한 사이 긴장을 완화하고 협력의 분위기를 촉진하는 효과를 가져왔다. 반면 남북 간의 경색국면은 남북한 경제협력사업에도 피해를 주어 실적 면에서 크게 위축되었다. 2008년 남북교역은 전년 대비 1.2퍼센트 증가에 불과하였고, 2009년 1/4분기 남북교역 실적은 2008년 동기 대비 22퍼센트 감소하였다. 이러한 국면이 지속된다면 교역 실적 감소추세는 더 뚜렷하게 나타나게 될 것이다. 2008년도 교역품목을 반입·반출 품목별 구성비로 살펴보면, 반입 품목의 비중은 섬유류(34.8%), 농림수산물(22.3), 광산물(10.7%), 전자전기제품(10.2%) 순이다. 반출품목은 섬유류(23.6%), 기계류(17.7%), 철강금속제품(15.7%), 전자전기제품(13.7%) 등이 주종을 이룬다(<그림 3-12>).

한편 남북한 농림수산물 교역은 1995년 미화 3,000만 달러에서 2008년 2억 8,000만 달러로 12년간 약 9배 증가했다. 2004년과 2005년에 감소하였다가 2006년 다시 늘어나면서 증가세를 유지하였으나 2008년에는 남북관계 경색, 환율상승 등 국내외 경제상황 악화로 다시 하락하였다. 북한산 농림수산물의 남한 반입은 1995년 미화 2,200만 달러였는데 2008년에는 2억 700만

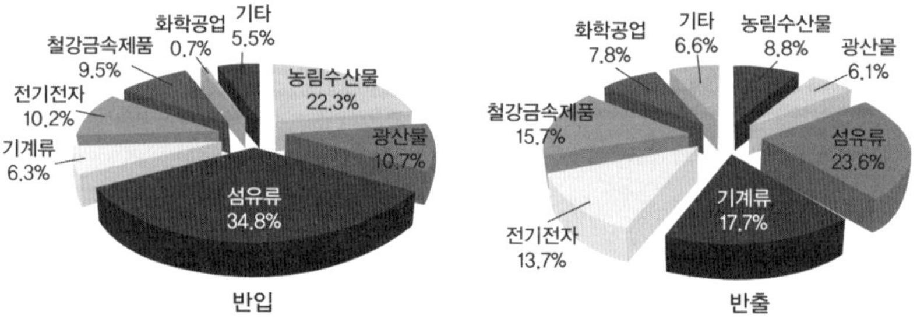

(단위: 만 달러)

자료: 통일부, 「남북교류협력 및 인도적 사업 동향」, 2009.1.

그림 3-12 남북교역 반입 · 반출 품목별 구성비(2008년)

달러로, 약 10배 가까이 증가하였다. 이 중 농림수산물 반입액이 전체 반입액에서 차지하는 비중을 보면 같은 기간 10퍼센트에서 22.3퍼센트로 증가해 전체 반입에서 차지하는 농림수산물의 비중이 점차 높아졌음을 확인할 수 있다 (<그림 3-12>).

농림산물 주요 반입 품목은 매년 30~40개 이내로 한정되어 있으며 다양하지도 않다. 최근까지의 반입 추이를 보면 10여 개 품목이 전체 농림산물 반입의 3분의 2 이상을 차지하고 있으며 연평균 100만 달러 이상의 반입 품목은 고사리, 버섯, 기타 채소 등 3~4개로 한정되어 있는 실정이다.

(3) 투자협력

농업분야의 대북 투자협력사업은 투자사업이나 계약재배 등의 형태로 이루어지고 있다. 현재 농업분야 대북 투자협력사업 중 정상궤도에 올라선 사례는 적은 편이다. 국제옥수수재단의 협력사업은 오랜 기간 추진되어 왔으나 민간단체의 농업 지원 및 기술협력사업에 해당되고, 현대아산과 고성온실농장 간 협력사업의 경우 2000년부터 협력농장에서 생산된 과채류를 금강산관광지구의 '온정각'에 납품하는 등 상업적 차원에서 농업협력사업을 진행시키고

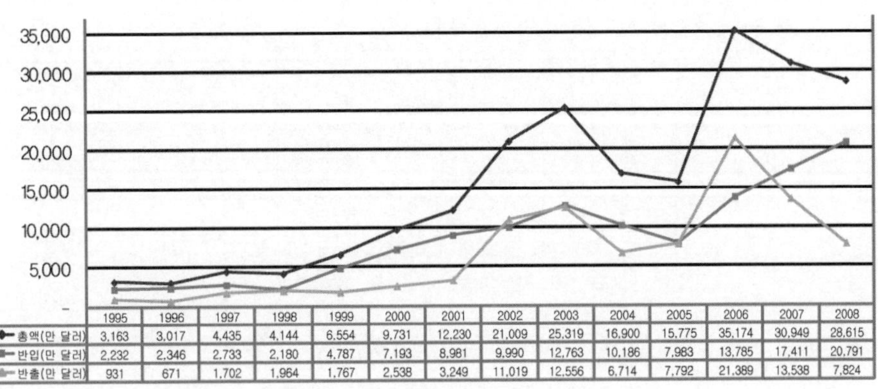

	1995	1996	1997	1998	1999	2000	2001	2002	2003	2004	2005	2006	2007	2008
총액(만 달러)	3,163	3,017	4,435	4,144	6,554	9,731	12,230	21,009	25,319	16,900	15,775	35,174	30,949	28,615
반입(만 달러)	2,232	2,346	2,733	2,180	4,787	7,193	8,981	9,990	12,763	10,186	7,983	13,785	17,411	20,791
반출(만 달러)	931	671	1,702	1,964	1,767	2,538	3,249	11,019	12,556	6,714	7,792	21,389	13,538	7,824

자료: 통일부, 「남북교류협력 및 인도적 사업 동향」, 2009.1.

그림 3-13 남북 농림수산물 교역 동향(1995~2008년)

있지만, 2002년부터 납품량이 대폭 축소되어 현재 명목상으로만 협력사업이 유지되는 실정이다. 두레마을과 백산실업의 협력사업은 계약 이전의 협의 단계에서 중단된 상태이고, 제일유통이 추진하고 있는 여러 협력사업은 2009년 현재 북측과 협의단계에 있거나 준비단계에 머물러 있다.

① 통일딸기사업

경상남도와 경남통일농업협력회는 2006년부터 경상남도 남북농업 교류협력사업의 일환으로 경남 진주에서 조직배양하여 3~4cm 가량 키운 딸기모종을 봄마다 북한에 보내 가을이면 아들모종으로 경남에 되돌아오게 하는 통일딸기사업을 지속하여 도민들의 남북농업 교류협력사업에 대한 공감대를 이끌어내는 것은 물론 통일 교육 효과 등도 얻었다.

통일딸기사업을 위해 북한 농장에 육묘기술, 모주, 육묘자재 등을 지원하였고, 검역과정을 고려하여 토양번식을 하지 않고 포트에 심은 채 번식시킨 모종을 흙을 씻은 상태로 반입하였다. 무바이러스 딸기모종 생산에 적합한 자연 조건을 가진 현지에서 생산된 딸기모종을 2006년 1만 주, 2007년 2만 5,000주를 무상으로 경남에 반입하여 재배농가에 전달하여 재배하도록 하였

표 3-28 북한산 농림산물 주요 반입 품목 (단위: 천 달러)

연도	주요 반입 품목(10개)	주요 반입품목 금액	농림산물 반입 총액
2002	고사리, 제조담배, 호두, 기타 채소, 표고, 기타 버섯, 송이, 잎담배, 들깨, 대두	18,472	29,371
2004	고사리, 기타 버섯, 표고, 기타 채소, 호두, 기타 과실, 제조담배, 들깨, 송이, 대두	26,713	33,652
2006	표고, 고사리, 기타 채소, 기타 버섯, 마늘, 송이, 호박, 인삼류, 들깨, 호두	29,670	38,291
2007	마늘, 송이, 고사리, 표고, 기타 버섯, 기타 채소, 호두, 들깨, 녹두, 대두	50,523	58,677

주: 한약재와 기타 농산가공품은 제외.
자료: 김영훈, 「농업분야 남북교역 및 투자협력 방향」, 한국농촌경제연구원, 2008.11.

다. 향후 이 사업이 확대될 경우 남한으로 수입되는 딸기에 대한 상당한 대체 효과가 있을 것으로 로 평가된다.

장교리 육묘공장에서 생산된 딸기모종을 반입하여 경남 지역에서 재배하는 방식은 남북농업 교류사상 최초의 생물 교류라는 의미와 함께 북측의 노동력과 경남의 기술력이 협력하여 이루어낸 최초의 남북농업 협력부문 성과라는 측면에서 향후 남북협력사업의 바람직한 방향과 가능성을 제시한다.

② 마늘 임가공업

전국 최대 마늘 생산지로서 국내 총 생산량의 20퍼센트 내외를 차지하는 제주도는 북한과 마늘 임가공 협력사업을 진행하고 있다. 국내 소비자에게 고품질 저가의 마늘을 공급할 수 있는 안정적인 판로를 확보하기 위하여 설립한 '제주개성마늘 깐공장'은 제주 마늘농가와 북한 양측에 도움되는 윈-윈 식의 농업 교류협력사업이라 할 수 있다.

2004년 10월 사업자인 '산과들 농수산 주식회사'가 북측과 협의를 시작하여 2006년 2월에 합의, 2007년 2월에 북한 '정성의학종합센터'에 '산과들 농수산 개성건강식품분공장'을 준공하였다. 개성공단 인근에 있는 북한의 정성제약과 손잡고 마늘 임가공공장을 운영해온 이 업체는 한 해 동안 서귀포시 대정 지역에서 생산한 마늘 7,000톤(100억 원 상당)을 개성 지역으로 보내 그 지역 사람들이 껍질 벗긴 것을 국내시장에 유통시켰다. 판매량이 증가함에 따라 2007년에는 제주마늘 수매가격이 전년 대비 kg당 300원 정도 인상되는 효과가 발생하였다.

제주산 마늘은 품질이 우수함에도 그동안 일손이 부족하여 마늘 까는 작업을 기계로 수행했고, 그 결과 제값을 받을 수 없었다. 하지만 북측의 노동력을 이용하여 수작업을 진행함으로써 손실률을 줄이고 품질도 유지할 수 있었다.

제주도는 제주개성마늘의 브랜드화를 시도하고 있다. 또한 약품과 건강보조식품 연구개발에 많은 기술을 축적한 북한 정성의학종합센터와 손잡고 마늘을 이용한 약품 및 건강 보조식품 개발을 추진하고 있다.

3) 기타 농업 교류협력

(1) 산림병충해 공동방제 사업

북강원도의 금강산은 남강원도의 설악산과 함께 백두대간의 대표적인 산으로 꼽힌다. 2000년 이후 설악·금강권의 산림환경 보전에 이바지하고, 설악·금강권의 연계 관광개발에 대한 여건을 조성하기 위해 산림병충해 공동방제 사업을 남북 공동으로 진행하였다.

오래전부터 금강산의 솔잎혹파리 피해는 심각하였고 이에 대한 방제사업의 필요성이 제기되었다. 2000년 12월 김진선 도지사의 평양 방문 당시 금강산의 솔잎혹파리에 대한 남북 공동 방제를 합의하였다. 2001년 6월 강원도 대표단 8명은 솔잎혹파리 1,000헥타르를 방제할 수 있는 포스팜 약제와 동력천공기 등 기자재를 싣고 금강산 장전항에 도착하였고, 북측의 민족화해협의회 및 산림과학원 관계자들을 비롯한 기술자 20여 명과 함께 삼일포 인근의 솔잎혹파리 피해 지역에 대한 현장답사를 하고 시범방제를 실시하였다. 2005년 6월까지 총 다섯 차례에 걸쳐 금강산 구룡연, 삼일포 등지의 솔잎혹파리 6,500헥타르를 방제하였다. 방제효과에 대한 조사 결과, 그 효과는 92퍼센트 이상인 것으로 나타났다. 북측 산림 관계자도 이 효과를 인정하여 가능한 한 방제면적을 확대해줄 것을 요청하였다. 2002년도의 2,000헥타르를 제외하면 매년 1,000헥타르였던 방제면적은 2006년부터 1,500헥타르로 확대 실시되었다.

당시 북강원도의 전역에는 잣나무 군락이 다수 형성되어 있지만 잣나무넓적잎벌의 피해로 몸살을 앓고 있었다. 북측은 강원도 산림관계자에게 방제 필요성을 역설하면서 이를 협력사업으로 채택해줄 것을 요청하였다. 이에 따라 강원도는 산림환경보전 협력사업으로 잣나무넓적잎벌 방제사업을 추진하였다. 남북 산림관계자는 방제 적기인 7월에 만나 학술적·기술적 의견을 교환함과 동시에 시범방제를 통해 방제기술을 전수하였다. 북측은 강원도에서 제공한 약재와 기자재, 전수받은 기술에 따라 자체인력을 동원하여 해당 전역을 방제하였다. 원산, 통천, 안변 등 북강원도 전역에 대해 2003년부터 연간 1,000헥타르씩 방제하기 시작하여 2005년 7월까지 세 차례에 걸쳐 총 3,000헥타르를 방제하였다.

(2) 동해안 연어 자원 보호증식

'신의 물고기'로 불리는 연어는 모천회귀 능력에 따라 동해안에서 태어나 홋카이도 수역, 쿠릴 열도를 거쳐 베링해와 북태평양, 오호츠크해 등 넓은 바다에서 성장하다 매년 10월경 동해안으로 돌아온다. 연어만의 특성을 고려한 연어 자원 보호증식사업은 남과 북이 공유한 물고기 자원을 늘릴 수 있다는 데 의의가 있다. 1997년 6월 김정일 국방위원장이 양어사업을 집중 발전시키도록 지시한 후 북한에서는 양어과학연구소를 중심으로 한 양식어종 개발과 보급에 주력하면서 각 도에 100헥타르, 시·군에 20~30헥타르 이상의 양어장을 건설하기 위한 목표가 제시되는 등 양어사업 확대에 박차를 가하고 있었다. 2000년 12월 강원도 도지사의 평양 방문에서 연어 자원 보호증식사업에 대해 남북이 합의하고, 연어치어 방류 및 안변연어부화장 건설 등 협력사업을 추진하게 되었다.

2001년 4월 6일, 강원도 환동해출장소장을 비롯한 대표단 13명은 방류할 치어 55만 마리를 실은 수조차 세 대를 싣고 속초항을 떠나 금강산 장전항으로 향하였다. 이들은 다음날 북측의 민족화해협의회 관계자와 함께 금강산의 남강지류인 후천강에 15만 마리, 안변군 남대천에 40만 마리를 방류하였다. 2004년까지 매년 4월 방류사업을 지속하여 총 205만 마리를 북강원도 하천에 놓아주었는데, 하천별로 보면 후천강 60만 마리, 남대천 145만 마리를 방류하였다. 2005년부터는 북한 스스로의 힘으로 남북강원도가 공동으로 건설한 안변연어부화장에서 연어를 포획·부화하여 방류하고 있다.

강원도가 제공하는 연어치어만으로는 북한 지역 방류에 필요한 연어를 안정적으로 공급하는 데 한계가 있었다. 이에 대한 해결책으로 안변군 과평리 남대천변 6,000평 부지 위에 700평 건물을 지어 연간 500만 마리의 치어를 생산할 수 있는 안변연어부화장 건설을 추진하였다. 2002년 2월, 건설 예정지 현지답사 및 측량을 시작하여 2003년 12월 준공하였다. 건설과정에서 강원도는 건축 기자재와 기술 지원을, 북한은 인력과 시공을 책임졌다. 북한은 안변연어부화장에서 2005년 40만 마리, 2006년 150만 마리를 부화하여 자체 방류하였다.

동해안 연어 자원 보호증식사업은 남북강원도가 공유한 동해안 어족자원 증식규모를 확대하고, 북강원도 주민의 대체식량 확보 및 소득 증대와 북한의 항구적인 연어 생산기반시설을 마련하는 데 기여한 것으로 평가된다.

(3) 농업 관련 공동 학술회의

월드비전은 북한 농업과학원과 함께 추진해온 씨감자, 채소, 과수 등 원예 분야의 농업기술 교류협력의 성과를 검토하고, 향후 남북협력을 촉진하기 위해 2001년 민간 최초로 '남북농업과학 심포지엄'을 개최하였고 이후 매년 중국과 북한을 오가며 이를 진행했다. 남북관계의 경색에도 불구하고 2009년에는 제9차 남북농업과학 심포지엄이 남북의 농업과학자들이 참석한 가운데 북경에서 진행되었다. 남북농업과학 심포지엄은 정례화된 학술행사로 정착되었고 서로 간의 필요에 따라 남북 학자가 모여 각자의 의견을 개진할 수 있는 장이 되었으며, 이를 통해 상호 동질성을 회복하고 북한의 농업발전에 크게 기여하는 계기가 되어왔다. 발표 내용은 1~3차에서는 씨감자 생산과 씨감자 생산과정 병충해 분야에 집중되었고, 3차 이후부터는 채소, 과수 분야가 중심이 되었다. 특히 4차 때부터는 발표 분야도 토양, 상토, 유전자원, 벼 육묘, 감자가공, 농약 등으로 다양화되는 경향이 나타났다.

이러한 농업과학 심포지엄은 ① 기술협력 결과에 대한 평가, ② 농업학자들의 교류 증대, ③ 새로운 농업기술 이전, ④ 상호 농업정보 교환, ⑤ 새로운 농업정책 방향 제시, ⑥ 상호 신뢰 구축, ⑦ 북한의 농업 생산성 증대 기여, ⑧ 통일농업에 대한 대비 등에 기여하는 것으로 판단된다.

제4장

북한농업 지원 및 농업 교류협력사업 평가

3장에서 살펴본 바와 같이 2000년 이후 북한농업 지원 및 농업 교류협력사업은 분단역사 이래 가장 활발하게 전개되어 왔다. 그러나 2009년 현재 남북관계의 경색으로 인해 많은 사업이 중단된 상태다. 이로 인해 상호 신뢰 및 지속성 유지가 생명인 지원 및 교류협력사업에서 그간의 성과가 계승되지 못하고 사장될 수 있다는 우려도 서서히 제기되고 있다. 다른 한편으로 남북관계의 경색은 그간의 성과와 한계를 보다 정확하고도 냉정하게 평가할 수 있는 조건을 제공하기도 한다. 북한농업 지원 및 농업분야의 남북한 교류협력사업이 숨 가쁘게 전개되는 상황에서는 이를 객관화시키기 쉽지 않기 때문이다. 현 시기 이 사업에 대한 평가가 필요한 본질적인 이유는 현재의 남북관계 경색이 농업 지원 및 농업분야 교류협력과는 약간 동떨어져 있는 외부환경의 요인이 아니라 그 사업 자체와 직결된 문제이기 때문이다. 사업 참여주체나 국민들이 일정 정도 한숨 돌리면서 조망할 수 있는 지금의 조건은 이전의 사업들을 보다 객관적으로 바라보고 향후 발전방향과 계획을 점검하고 수립하는 데 매우 적합하다고 하겠다. 무엇보다도 작금의 사업에 대한 평가를 통해 북한농업 지원 및 남북농업 교류협력의 필요성이나 목적, 그간의 성과와 한계에 대해 보다 객관적이고 과학적인 인식을 굳건히 하는 계기로 받아들여야 할 것이다. 그러한 과정을 거치지 않고서는 미래지향적인 관점에서 남한 혹은 남북한이 농업분야의 협력목표를 설정하고 이를 위해 매진하기 어려울 것이기 때문이다.

또한 현재의 남북관계 경색은 장기적 관점에서 볼 때 반드시 풀릴 수밖에 없는 사안이며, 현재의 경색이 풀리게 되면 북한농업 지원 및 농업 교류협력사업은 종전보다 훨씬 더 활성화될 가능성이 크다. 이에 대비하여 향후 대북농업 지원 및 농업분야의 남북한 교류협력사업을 더욱 발전시킬 방안을 다각적으로 모색할 필요가 있다. 그간의 북한농업 지원 및 남북농업 교류협력사업을 평가하고자 하는 이유는 여기에 있다.

이러한 배경 하에 본 장에서는 북한농업 지원사업과 농업분야 남북 교류협력사업을 평가해보고자 한다. 이를 위해 먼저 평가기준을 마련·제시하고자 한다. 이 기준을 토대로 2000년 이래 지금까지 진행되어온 북한농업 지원사업과 남북농업 교류협력사업의 성과와 한계를 밝히고자 한다. 이는 향후 북한농업 지원사업과 남북농업 교류협력사업의 발전과제를 밝히는 토대로 작용할 것이다.

1. 평가의 기준

해외원조 사업 및 개발지원사업을 비롯한 각종 사업들을 평가하기 위해 일반적으로 사용되는 틀은 크게 사업수행의 타당성, 사업의 진행과정, 사업의 효과에 대한 분석으로 구성된다. 경제개발협력기구(OECD) 산하 개발원조위원회의 원조사업 평가기준 역시 이러한 틀에서 크게 벗어나지 않는다. 개발원조위원회가 원조사업에 대해 주요한 평가기준으로 삼는 지표들은 사업의 적합성, 효율성, 파급효과, 지속 가능성 등이다(최세문 2004). 그러나 오랫동안 축적된 경험을 통해 비교적 정형화된 틀에 따라 수행되는 해외원조 사업 및 개발지원사업과는 달리 북한농업 지원 및 남북농업 교류협력사업은 북한의 폐쇄성과 남북관계의 특수성이 있으므로 이러한 틀을 그대로 적용하는 것이 쉽지 않다. 특히 북한농업 지원사업의 경우 인도적 지원에서 출발하여 이제 막 개발지원 쪽으로 본격 지향하기 시작했다는 점에서 더더욱 그러하다. 농업분야의 교류협력사업 역시 정형화된 사업의 틀을 아직 갖추지 못했기 때문에 그와 같은 평가의 틀을 그대로 적용하기는 어렵다. 그럼에도 불구하고 사업의 지속적인 발전을 위해서는 위에서 언급한 틀을 기본으로 그간의 사업을 점검해볼 필요성이 절실하다. 남북관계 경색으로 인해 급격히 위축되어 있는 현재의 상황이 지난 10년간의 소중한 경험을 보다 총체적인 관점에서 점검해볼 것을 요구하기 때문이다. 그간의 경험에 대한 평가를 사업진행 방식이나 성과에만 초점을 맞출 경우 매우 낙관적이고 자기만족적인 평가가 되기 쉽고, 이는 사업의 지속과 발전에 부정적으로 작용할 우려가 있기 때문이다.

이러한 관점에 기초하여 본 연구는 북한농업 지원사업과 농업 교류협력사업을 평가하기 위해 다음과 같은 측면들을 평가의 틀로 삼고자 한다. 목표의 타당성, 사업 추진과정, 사업 참여주체의 여건, 사업의 성과와 한계 등이 바로 그것이다. 이러한 평가의 틀이 갖는 구체적 의미는 다음과 같다.

첫째, '목표의 타당성'은 북한농업 지원 및 농업 교류협력사업의 목표가 타당하게 설정되었는가를 평가하는 것이다. 앞서 언급한 바와 같이 농업 교류협력의 경우 긴장완화를 통한 잠재적 불안을 해소함으로써 남북통일에 기여하고, 구체적으로는 경제공동체 형성의 토대 구축이라는 목표를 지니고 있다. 한편 북한농업 지원은 북한농업의 낮은 생산성을 향상시키고, 농업의 개혁과 발전을 도모한다는 목표 하에서 진행되어 왔다. 이와 같은 사업목표가 과연 타당한가의 여부는 실현 가능성, 구체성, 국민적 합의 정도, 북한의 수용의지, 중·장기적 전략 등이 충분히 고려되고 있는지를 분석함으로써 가늠해볼 수 있다. 중·장기적 전략이란 장기적인 비전에 맞추어 현재 상태에서 어려운 선택도 할 수 있도록 해주는 힘이라 할 수 있다. 따라서 궁극적인 목표 하에 각 단계별 전략과 비전이 있는지의 여부도 목표의 타당성 점검에 있어 매우 중요한 고려 대상이다. 이러한 전략과 비전의 존재는 현재 진행되고 있는 북한농업 지원 및 농업 교류협력사업의 단계와 수준을 파악할 수 있는 토대가 된다. 더 나아가 현 단계와 수준에 대한 정확한 인식은 사업의 성과와 한계를 보다 명확히 하고 사업의 지속적 발전을 보장하는 동력으로서의 역할을 하게 된다.

둘째, '사업 추진과정'은 사업 추진방식의 적합성에 대한 문제이다. 즉, 사업 수요 발굴 체계나 추진 체계 등이 현 단계의 수준에 적합하면서도 미래지향적으로 잘 갖추어져 있는가에 대한 검토이다. 여기서 적합한 방식이라 함은 사업 주체의 적합성, 사업 추진방식의 효율성과 투명성, 사업 추진에서의 북한과의 관계 등에 대한 검토를 의미한다. 그 외에도 각각의 사업에 속한 각종 세부사업들이 북한농업의 생산성 증대와 농업발전 또는 긴장완화 및 경제공동체 형성이라는 상위목표에 부합하는 비전 아래 수행되고 있는지의 여부도 중요한 고려 대상이 된다.

셋째, '사업 참여주체의 여건'은 사업에 참여하는 주체들의 전문성과 수행능력에 대한 문제이다. 이는 사업 참여주체들 간의 역할 분담, 전문 인력의 확보 정도, 인력 양성과정의 유무 혹은 전망, 사업의 피드백 체계, 주체별 사업 추진의 배경, 성과축적 체계 유무 등에 대한 검토를 통해 평가될 수 있을 것이다.

넷째, '사업의 성과와 한계'는 그간의 사업을 통해 얻은 성과와 현재의 여건에서 갖는 한계를 명확히 파악하는 문제이다. 사업의 성과는 설정한 사업목표의 달성 여부, 사회적·경제적 파급효과, 사업의 확대 및 발전 가능성 등을 통해 평가될 수 있을 것이다. 한계 혹은 저해요인은 사업에 대한 입장 차이, 행정적 절차, 추진 체계상의 문제점, 실제적 수요 및 장기적 전망 등에 대한 검토를 통해 파악할 수 있을 것이다.

다음에서는 이와 같은 평가 틀에 기초하여 북한농업 지원사업과 농업 교류협력사업을 구분하여 각각 평가한 후, 북한농업 지원사업 및 농업 교류협력사업을 총괄적으로 요약, 평가해보고자 한다.

2. 북한농업 지원사업의 평가

1) 북한농업 지원사업의 타당성

(1) 도전받는 타당성

북한농업 지원사업은 북한의 식량난에서 비롯되었다. 식량난을 겪고 있는 북한 주민에게 식량을 직접 지원하는 것보다는 식량 생산에서 일차적인 역할을 수행하는 농업발전을 지원하는 문제가 보다 근본적인 해결책이라 보았기 때문이다. 더불어 대외 개방에 소극적인 북한정부도 농업 생산을 복구해야 한다는 의지를 갖고 있었으며, 적어도 농업분야만큼은 남한의 지원문제를 상당히 긍정적으로 받아들였다. 따라서 식량 지원 외에 그동안 정부, 국제사회, 민간단체들에 의해 수행된 농업분야의 각종 지원사업들은 북한이 북한농업의 낮은 생산성을 극복하고 발전시키는 것을 돕는다는, 비교적 분명한 목표 하에 진행되었다. 평가해보건대 그간 진행되어온 북한농업 지원사업의 목표에는 매우 높은 타당성이 있다. 먼저 인도적 식량 지원이 개발지원의 형태로 발전된 것이기에 자연스러운 전개과정을 거쳤다는 점을 꼽을 수 있다. 그리고 무엇을 어떻게 지원해야 하는지도 매우 구체적이었다. 비료가 요구되었고, 농기계 수리공장이 필요했으며, 종자와 기술이 요청되었다. 이러한 지원은 남측의 입장에서 볼 때 충분히 제공할 수 있는 사안이었다. 한편 굶주린 아이들의 눈망울에 대한 연민은 대북 인도적 지원, 나아가서는 농업 지원에 대한 전 국민적 공감대를 형성하는 데 일조했다. 또한 대외 개방에 소극적인 북한정부도 농업 생산을 복구해야 한다는 강한 의지를 표명했다. 두벌농사(이모작) 확대, 감자농사혁명, 종자혁명 등 새로운 기치를 내세우며, 적어도 이 분야만큼은 남한의 지원이 매우 필요한 것이라고 인식하였다. 남북의 사업 당사자들은 매년 초 서로 머리를 맞대고 사업계획에 대한 논의를 진행해 왔다. 이와 같은 이유들을 바탕으로 한 대북 농업 지원의 목표는 충분히 달성할 수 있는, 실현 가능성이 높은 목표였다. 구체성도 있었고, 국민적 합의도 충분했고, 북한의 수용의지도 드높았다. 따라서 목표의 타당성이 충분했다.

하지만 북한이 그간 남북농업협력의 새로운 비전을 보여주었다고 평가되어온 평양시 장교리·당곡리 사업과 관련해 남한의 관련 단체들에게 "앞으로는 우리가 자체적으로 할 수 있으니 올해 안으로 정리해 달라."는 요청을 보내왔다. 이는 농업 지원사업에 대한 북한의 시각에 변화가 있다는 의미로서, 장기적으로 남측 없이도 '자력갱생'할 수 있는 사업을 중심으로 진행하자는 지침이 나온 것으로 볼 수 있다(서유상 2008, p. 83). 설령 농업 지원이 경제 하부구조 지원의 성격을 명백히 띠지 않는 단순물자 지원이라 하더라도 한국에의 예속에 대한 우려로 인해 중단될 가능성이 있다는 것이다. 국제사회의 인도적 지원에 대해 개발지원으로 전환해줄 것을 당부하기도 했던 북한인지라 이와 같은 태도 변화는 이명박 정부의 대북 정책에 대한 일시적 반발 때문이라고 볼 수도 있다. 그럼에도 한국의 북한농업 지원에 대한 북한의 경계심과 경색된 현재의 남북관계는 그간 타 분야 지원에 비해 월등히 높았던 북한농업 지원사업 목표의 타당성이 심각한 위기에 당면했음을 의미한다.

(2) 개발지원 본격화의 불투명성

지난 2004년 여름, 북한 당국은 통상적인 유엔합동호소(CAP)를 거부하고, 북한 내에서 활동하는 WFP와 국제 NGO들에게 인도적 프로그램을 개발지원으로 전환해줄 것을 요청한 바 있다(최대석 2009). 국내에서도 북한농업 지원을 개발지원으로 전환하는 것이 바람직하다는 주장이 광범위하게 제기되고 있다. 더 나아가 ODA자금을 북한개발원조에 활용하는 방안에 대해서도 논의가 본격적으로 전개되고 있다.[4] 북한농업 지원을 둘러싼 이와 같은 변화는 그간 진행된 각종 사업들이 북한농업 개발지원사업의 시범사업으로서 그 역할을 성공적으로 수행해냈기 때문에 가능했던 것으로 평가할 수 있다.

---

4 중앙대학교 민족통일연구소 및 북한개발협력전문가 포럼이 지난 2008년 12월 5일 주최한 학술회의 「북한 ODA(공적개발원조) 그것은 가능한가?」를 참조할 것.

그러나 농업 생산력 향상과 농업발전이라는 동일한 목표를 표방하더라도 북한농업 지원이 농업 개발지원으로의 본격적인 전환을 추구하게 되면 상황이 달라진다. 북한농업 지원사업이 본질적으로(혹은 장기적으로) 북한에 대한 경제 하부구조 지원이 되기 때문이다. 그 주체가 민간단체이건, 지자체이건, 정부이건, 국제사회이건 간에 외부로부터의 지원이 성과를 내는 데 반드시 필요한 전제조건은 북한의 의지와 능력이다. 만약 북한정부가 주민의 복지 향상을 위한 정책 추진 또는 자원의 생산적 사용에 대한 의지와 능력을 갖고 있지 않을 경우 개발지원은 성과를 낼 수 없다. 그러나 유감스럽게도 현재의 북한에게는 실질적 수혜자가 되어야 할 '지역 주민'의 '사업 참여'라는 개념이 부재하며, 개발지원사업에서 자생력 확보를 위해 일반적으로 요구되는 계획능력, 수용능력, 관리능력 배양 등의 문제와 관련되어서는 시스템적 한계를 지니고 있다(권태진 2009b). 대규모 농업 개발지원사업의 성공 여부는 북한의 의지와 결단이 핵심적인 요소라는 주장은 이러한 배경에 근거한 것이다.

또 다른 측면에서 더욱 문제시되는 것은 작금의 남북관계를 고려할 때 개발지원의 본래 목적과 상관없는 개발지원 행위가 수행될 수도 있는 점이다. 즉 남측이 개발지원을 하더라도 애초부터 북한정부의 의지와 능력을 고려하지 않은 지원이 무조건적으로 제공될 수도 있다는 것이며, 역으로 지원받는 북한의 입장도 무조건 받고 보자는 식이 될 수도 있다는 뜻이다. 이는 개발지원의 본 목적보다는 '남북관계 유지 및 관리'와 같은 개발 이외의 목적이 그 배경에 자리 잡고 있을 수 있기 때문이다(박형중 외 2008, p. 12). 이와 같은 북한의 특성과 분단을 둘러싼 남북한 간의 미묘한 관계는 개발지원을 통한 북한농업 지원의 본격화를 불투명하게 하는 요인으로 자리 잡아가고 있다.

(3) 북한농업의 생산성 증대 및 개발 전략에 대한 합의 부족

북한농업 지원사업은 내용적으로 결코 일방적인 사업이 아니다. 농업 개발지원으로서 사업이 본격화되기 위해서는 그 내용과 방향에 대한 남북 간의 공통된 합의가 전제되어야 한다. 이는 북한농업발전의 전략과 비전에 대한 최소한의 일치를 의미한다. 최소한의 일치가 없다면 남한의 북한농업 지원은 물량적 기능주의라는 비판에서 벗어나기 어렵다. 북한 역시 농업발전의 전략과 비전에 대한 확신이 없다면 남한에게 기술이나 자원의 지원 이상을 바라지 않게 될 것이다. 문제는 이러한 정도만으로는 북한농업 지원사업이 목표로 하는 북한농업의 생산성 증대와 농업·농촌의 발전을 이룰 수 없다는 데 있다. 실제로 북한농업의 생산성 증대와 발전방향은 여러 각도에서 다양하게 모색될 수 있다. 자원 투입, 시설의 현대화 등을 통한 발전도 요구되지만, 자립성을 강조하는 북한의 입장을 고려하여 쿠바와 같은 유기농업을 중심으로 한 발전을 주요 전략으로 세울 수도 있을 것이다. 앞에서 거론한 바와 같이 "남측 없이도 자력갱생할 수 있는 분야의 협력을 우선시하라."는 북한의 최근 입장은 개발지원의 궁극적 목표가 자생력 강화에 있다고 할 때, 틀린 소리가 아니다. 따라서 단순 물량지원을 넘어선 북한농업의 실정에 맞는 발전전략을 공동으로 모색·수립하여 수혜자나 수여자 모두 일치된 관점 하에서 농업 지원사업을 전개할 수 있도록 준비하는 것이 바람직하다. 남북 간의 공통된 전략과 비전의 부재는 사업에 대한 중·장기적 전망을 갖지 못하게 하는 원인으로 작용할 수 있고, 이로 인해 사업은 정세의 변화에 따라 단기적이며 일회적인 형태로 끝나고 말 공산이 크다.

2) 사업 추진과정

현 시기 대북 농업 지원사업에서는 사업 진행 체계가 제대로 갖추어져 있지 못하다. 이러한 배경에는 농업부분 개발에 대한 북한정부의 진정성도 크게 작용했지만, 직접적인 개발지원은 현재 시기상조라는 우리 정부의 평가도 크게 작용했다(김영훈 2009). 현재 정부 차원의 대북 농업 지원사업은 북한의 요구가 있을 경우 이에 응하는 방식으로 진행되고 있다. 동시에 대북 농업 지원사업과 관련된 민간단체와 사업을 선정하고, 남북협력기금을 통해 지원하는 방식으로 진행된다. 한편 선정된 지원단체의 활동에 대한 모니터링과 평가 작업은 주관부서인 통일부가 맡고, 농업분야 주관부서인 농림수산식품부는 사안에 따라 통일부와 긴밀히 협력한다. 종합해보면 현재 정부의 북한농업 지원사업은 민간단체들의 활동을 측면에서 지원하는 수준에 머물러 있다고 해도 과언이 아니다. 즉, 현재는 민간단체와 지자체가 중심이 되어 대북 농업 지원사업을 추진하고 있다고 보아도 무방하다. 단순 물자지원 차원에서는 이와 같은 추진 체계가 큰 문제점을 보이지 않지만 향후 농업 개발지원으로 발전해가기 위해서는 이에 합당한 국가적 체계를 마련해야 할 것이다.

한국의 민간단체 및 지자체와 북한의 사업 대상자들이 중심축을 이루고 있는 현재의 북한농업 지원사업은 본격적인 농업 개발지원에 앞선 시범사업의 성격을 강하게 지니고 있다. 시범사업인 만큼 그간 추진과정에 대한 냉철한 점검이 요구된다 하겠다. 향후 사업을 본격화하기 위한 추진 체계를 정비하는 데 있어 근거가 되기 때문이다. 그간 진행되어온 북한농업 지원(시범)사업의 추진 과정에 대해 다음과 같은 측면에서 보다 구체적으로 평가해볼 수 있을 것이다.

(1) 사업선정 과정

그간 진행된 일반적인 대북 지원사업을 보면 민간단체나 지자체가 인도적 지원사업을 통해 쌓은 신뢰와 성과를 기반으로 지원 수요에 대한 북한당국의 요청을 접수하고, 이에 대한 집행능력과 사업의 타당성을 검토한 뒤 양측의 협의를 거쳐 확정하였다. 이러한 추진과정을 거친 사업에는 북한농업 지원사업이 대표적이다. 2002년 단순물품 지원에서 시작하여, 2006년 북한과의 협의 아래 「농업 개발 및 농촌현대화를 위한 3개년 사업」을 추진한 경기도의 사례가 주요하게 꼽힌다. 의약품·식량·의복 등을 중심으로 긴급구호성 지원활동을 해오다가 농업 개발 사업을 추진하게 된 월드비전이나 굿네이버스의 경우도 이에 해당된다. 다만, 통일농수산사업단의 경우는 처음부터 협동농장 단위의 농업 개발지원사업(공동영농사업)을 상정하고 남과 북이 체계적으로 접근한 사례에 속한다.

그간 대북 지원사업 선정과정에서 대표적인 문제점으로 지적되어온 것은 직접적인 수원기관들의 요구를 우선적으로 파악하여 반영하지 못했던 점과 단체들이 사업관련 전문성을 제대로 갖추지 못했던 점이다(이금순 2004). 사업 선정과정에서 직접적인 수원기관들의 요구를 우선적으로 파악하지 못했던 점은 농업 지원사업에서도 예외가 아니었다. 이는 사업 선정과정에서 즉, 사업 구상시기부터 북한의 농업기관 및 지역사회, 대상 농장과 지속적으로 접촉할 수 없는 현 여건 때문이다. 또한 사업 선정과정에서 핵심적인 역할을 하는 북한의 요청이 사업현장에서 우선적으로 요구되는 내용을 파악해서 제안된 것이기보다는, 국가정책 차원에서 결정된 중점사업을 실행하기 위한 자원 동원의 성격이 강한 것이라는 한계가 존재한다. 이에 따라 대북 농업 지원사업의 경우도 평양 근교, 개성과 금강산 특구, 감자로 유명한 양강도 일대가 주요 사업 대상 지역으로 선정되게 되었다. 북한농업 지원사업의 시범단계에서 이러한 형태의 사업선정 과정은 불가피한 것으로 이해할 수 있다. 그러나 향후 대규모 농업 지원사업이 수행되는 과정에서는 그간 축적한 북한농업 현황에 대한 정보를 바탕으로 충분한 사전 논의를 거쳐 북한농업 지원의 목적에 부합하는, 즉 체계적인 사업 선정이 되어야 할 것이다. 다만 경기도 및 통일농수산사업단의 사례는 사업에 대한 구상과정에서부터 남북이 공동으로 논의하고, 사전준비를 철저히 한 모범적인 경우에 해당되므로 이러한 경험을 적극적으로 계승·발전시키는 것이 중요하다. 특히 북한의 지원요청이 있을 경우 사전에 세밀히 조사된 사업의 필요성과 대상 지역의 현황에 대한 보고서가 제출될 수 있도록 하는 관례를 정착시키는 노력이 요구된다 하겠다. 또한 사업이 발전해감에 따라 북한농업 지원사업의 목표로서 농촌 지역의 빈곤퇴치 문제가 본격적으로 대두된다면, 모든 북한 농촌 지역에 대한 포괄적 진단이 요구될 것이다. 그러나 지원자원에 한계가 있으므로 차후에는 사업 대상 지역의 우선순위를 결정하는 문제가 중요하게 대두될 것이다. 따라서 북한농업·농촌의 현황을 일정한 기준에 따라 체계적으로 파악할 준비가 되어야 한다. 이를 위해서는 농업·농촌분야의 통계시스템 구축 지원사업 시행 등을 북측에 보다 적극

그림 4-1 개성에 위치한 송도리협동농장의 전경(2008년)

적으로 요청하여 관철시킬 필요가 있다. 북한농업·농촌의 실태와 문제점에 대한 정확한 인지는 북한농업 정책의 성패뿐 아니라 우리의 북한농업 지원사업의 성패를 좌우할 수 있는 중대한 문제이기 때문이다.

한편 사업 선정과정에서 나타난 전문성 부족 문제를 해결하는 것도 매우 중요한 과제이다. 남측의 경우에도, 특히 초창기에, 이와 같은 문제가 지적되었다. 월드비전과 통일농수산사업단 등 민간단체 활동에서 보이듯 농업분야 전문가들은 사업선정 및 진행과정에 긴밀하게 결합되어 있다. 지방자치단체의 경우도 산하기관 및 위원회를 조직하여 사업의 효율성과 지속성을 보장하고 있으며, 특히 북한농업 지원사업과 관련해서는 광역 지자체별 기관인 산하 농업기술원의 기술자문 활동 등을 통해 전문가의 참여를 담보하고 있다. 따라서 사업 선정과정에서의 전문성 부족 문제는 남측보다 북측이 풀어야 할 문제다. 즉, 사업 구상 및 선정과정에서 함께하는 북한 측의 파트너가 농업분야의 전문 일꾼이 아니라는 데 문제가 있다. 이 문제는 당장 해결되기 어렵겠지만, 사업 대상 지역의 책임일꾼들이 사업 구상 및 선정과정에서부터 늘 함께 할 수 있도록 강력히 주장해야 한다. 대남사업 기관들의 경우 사업의 성사와 관련해 큰 역할을 수행할 수 있는 장점이 있지만 농업분야에 대한 전문성은 결여되어 있다. 따라서 그들이 전면에 나서서 사업을 진두지휘하기보다는 측면지원의 역할에 보다 충실할 수 있도록 조정하고, 사업 대상 지역이나 단위의 책임일꾼들이 전면에 나설 수 있도록 해야 할 것이다. 이러한 점들이 개선되어 북한농업 지원사업의 실질적 성과가 보장될 수 있도록 북한 관계자들에게 끊임없이 설명하고 설득해야 한다.

(2) 사업목표 수립

대북 지원사업의 목표가 총론적이고 일반적으로 설정되는 경우가 많은 것으로(이금순 2004, 권태진 2009b) 평가되지만, 최근 진행되고 있는 북한농업 지원사업들은 상당히 구체적인 목표 아래 진행되어 왔다. 특히 종자와 영농자재 제공을 통한 농업 생산기반 조성 등 농업분야의 일반적 목표를 넘어 시범재배, 소득 작목 개발, 기술제공, 전문인력 양성 등으로 사업목표의 폭이 넓어지고 있는 점은 매우 고무적이라 평가할 수 있을 것이다(참고: 통일농수산사업단,『남북공동영농사업백서』). 이와 같은 사업목표 수립이 가능한 이유는 특정 지역을 대상으로 북한 농업·농촌 지원사업을 몇 년 동안 진행하면서 상호 신뢰가 돈독히 구축되었기 때문인 것으로 사료된다. 이처럼 토대가 구축된 사업의 경우 사업 목표수립 과정이나 목표달성을 위한 시행계획서 작성 시 남북 사업담당자 간의 논의가 활발하다. 더 나아가 사업목표가 단계별로 구분되고, 피드백 과정을 거쳐 수정, 보완되는 등 활동이 매우 활발하며 사업목표의 양상도 물자 지원을 통한 농업기반 복구 등을 넘어 훨씬 다양한 영역으로 확대 발전된다. 그간의 북한농업 지원사업 경험은 현지 실정에 대한 정보가 부족한 조건에서는 사업계획과 목표를 수립할 때 처음부터 거창하게 접근하기보다는, 북한의 수용 가능성이 높고, 절실한 부분을 합의하여 진행하면서 상호 신뢰를 구축하는 것이 절대적으로 요구된다는 것을 말해준다. 실질적이고 현실적인 사업목표의 발굴 및 공유는 이 과정에서 자연스럽게 도출되기 때문이다. 수많은 대북 지원사업이 총론적인 사업목표를 수립할 수밖에 없었던 이유도 여기에 있는 것으로 평가된다. 통일농수산사업단이 개성 지역에서 벌이고 있는 공동영농사업이 비교적 탄탄한 사업 체계를 구축하고, 사업목표 역시 체계적이며 깊이 있게 수립되어 있는 점은 향후 전개될 북한농업 지원사업에서도 이어져야 할 소중한 자산이다.

(3) 감독 및 평가

북한농업 지원사업은 인도적 지원에서 개발지원으로 발전하면서 합의서 교환, 사업의 구체적 운영계획 수립 등 그 진행과정이 체계적으로 정착되어 가고 있다. 사업 실행과정에 대한 모니터링, 사업의 성과에 대한 공동평가 등의 문제를 둘러싼 갈등도 사업이 정착되어가면서 서서히 그 해결점을 찾아가고 있다. 사업을 감독하는 일은 사업을 추진하는 단체의 대표나 전문 실무자가 방북을 통해 처리하고 있다. 특히 전문 실무자나 기술 전문가들의 경우 사업이 활발하게 전개될 때는 상당 기간 북한에 체류하게 되므로 사업의 진행상황을 직접 관찰 평가하는 데 큰 무리가 없는 것으로 평가된다. 그럼에도 불구하고 사업 대상 지역 주민들과의 자유로운 대화, 접촉 등이 통제되는 조건에서 사업 파트너(담당기관)와의 면담 및 현장방문만으로 사업을 평가하는 것에는 많은 한계가 있다. 감독 및 평가에 있어 제일 중요한 점은 감독 및 평가 진행의 필요성을 상호 공감하고, 낮은 수준일지라도 북측이 사업 모니터링에 성실히 임하도록 설득하는 것이다. 처음부터 무리한 기준을 설정하여 무조건 관철시키려 하는 것보다는 낮은 수준일지라도 지원사업에 대한 모니터링과 공동평가가 정착되도록 하는 것이 무엇보다도 중요하다.

북한농업 지원사업은 향후 어떠한 주체가 진행하더라도 사업의 투명성과 효율성을 확보해야만 국민이나 주민, 후원자들의 지속적인 지원을 이끌어낼 수 있다. 감독 및 평가제도의 정착화는 각종 사업들의 투명성과 효율성이 보장되는 데 필요한 기본적인 사안이다. 초창기에 북한의 수용태도에 난관이 조성되더라도 지속적인 요구와 설득을 통해 모니터링의 용도와 필요에 대한 북한의 이해를 높이는 노력이 요청된다.

(4) 사업평가방법 및 지표설정

그간 진행되어온 북한농업 지원사업의 평가는 지원내역서를 위주로 작성되어 왔다. 그러나 북한과의 평가내용 역시 지원물자의 인수와 관리 정도를 확인하는 수준에 머물러 있는 실정이다. 즉, 사업의 성과를 평가하기 위한 구체적 방법과 이를 측정하기 위한 지표 설정을 기초로 한 체계적인 사업평가를 이루지는 못하고 있다. 더욱이 현재는 지원 참여주체의 대표 및 전문 실무자들의 개인적 판단이 사업평가에 매우 크게 작용할 수밖에 없는 구조이다. 최근 통일농수산사업단이 진행해온 개성 송도리협동농장 공동영농사업의 경우 외부 전문가를 통한 사업평가 시도가 이루어진 바 있으나, 그 내용과 지표에 있어 남북이 공동으로 진행하는 공인된 지표에 의한 사업평가과정으로 보기에는 부족한 측면이 많다. 평가방법과 측정지표가 설정되지 못한 데는 다양한 이유가 있겠으나 핵심적인 이유는 북한농업 지원사업이 낮은 수준에서 모색되는 단계이기 때문이다. 즉, 북한농업 지원사업이 현 단계에서는 사업에 대한 엄격한 평가절차를 거쳐 사업의 지속 여부를 결정할 것을 요구하지 않기 때문이다. 또한 사업의 집행과정을 챙기기에도 역부족인 인력구조를 지닌 사업 참여주체들의 사정도 크게 작용하고 있다. 향후 성과를 지표로 제시하기 위해서는 상당 기간의 지속적 사업 추진이 필요할 것으로 예상되며, 체계적인 평가가 진행되기 위해서는 남북 사업파트너 간의 평가방식 및 지표에 대한 합의는 물론 이에 투입되어야 할 인적·재정적 자원도 반드시 확보되어야 할 것이다.

(5) 소요예산 및 감사방법

현재 북한농업 지원사업에 소요되는 예산규모는 지원단체에서 필요한 물품 및 자재의 조달가격을 추산하여 산정한 것을 기준으로 작성된다. 사업예산을 지원물품에 준하여 산정하므로 여기에는 사무실 운영 및 인건비 등 경상경비와 사업재원을 확보하기 위한 홍보비용은 제대로 반영되지 못하는 실정이다. 이에 필요한 재원은 민간단체의 경우 회원의 후원금, 기부금, 자체사업의 수익금 등을 통해, 지자체의 경우 자체 기금조성을 통해 필요재원을 충당하고 있다. 기금을 조성해 운영해온 지자체로는 경기도, 서울특별시, 강원도, 인천광역시, 경상남도, 광주광역시, 제주도, 전라남도 등이 있으며 그 규모는 4억 원에서 227억 원까지 지자체의 상황에 따라 상이하다. 남북협력기금의 경우 민간단체의 활동만 지원하기 때문에 지자체의 경우 민간단체와 결합하여 활동하는 방식으로 재원을 확보하고 있다. 한편 사업수행 이후 진행되는 회계감사는 단체의 일반적인 회계감사 절차와 동일하다. 다만, 정부의 남북협력기금을 지원받은 사업의 경우 보고절차에 따라 통일부에 관련서류를 제출하는 방식으로 진행된다.

3) 사업 참여주체의 여건

(1) 민간단체와 지자체의 선도적 역할과 한계

북한농업 지원이 본격화되기 전이라 할 수 있는 현재의 시범단계에서 지자체와 민간단체는 큰 역할을 하고 있다. 시범사업을 통해 얻은 북한의 농업 개발지원에 대한 경험과 지식이 민간단체 및 지자체에 축적되어 있으며, 현재의 조건에서는 북한 측 사업 파트너와의 신뢰관계 역시 남한정부와 북측 파트너와의 신뢰관계에 비해 상대적으로 우위에 있는 것으로 평가될 수 있다. 이렇게 된 것의 가장 큰 이유는 민간단체와 지자체가 남북의 정치관계에서 비교적 자유롭기 때문이다. 북한의 수용 가능성 측면에서 볼 때 이는 대북사업에서 차지하는 민간단체와 지자체의 입지가 정부보다 유리하게 해주는 조건이다. 그러나 농업 개발지원이 대규모로 진행될 경우 재정적인 부담이 크므로 민간단체와 지자체가 대규모 북한농업 지원사업을 진행하기는 어렵다는 한계가 있다. 현재 진행되고 있는 사업들의 경우도 남북협력기금을 통한 정부의 재정적 지원이 민간단체의 활동에 주요한 동력이 되고 있으며, 지자체 역시 남북협력기금을 통한 지원에 큰 관심을 갖고 있는 형편이다. 북한농업 지원사업을 체계적으로 진행하기 위해서는 재정적인 문제의 해결도 중요하지만 정부 당국의 적극적인 관여가 필수적이다. 남북 당국 간의 어려움이 조성될 때마다 민간단체의 역할이 강조되어 왔으나 당국자 간의 합의가 부재한 조건 아래서는 민간단체 활동의 폭이 결코 넓어질 수 없다.

(2) 참여주체의 불분명한 지위와 역할

그동안 북한농업 지원사업의 진행에서 지자체와 민간단체 사이에는 차별성이 없었다. 특히 지자체의 경우 북한농업 지원사업에서 북한의 지자체를 직접적으로 상대하지 못했기 때문에 사업 주체의 특성과 역량을 십분 발휘하지 못하는 상황이 지속되었다. 이러한 점은 북한의 상황에서 비롯된 것으로 당분간 지속될 것으로 전망된다(김영훈 2009). 민간단체들의 경우도 시범사업단계에서의 선도적 역할이 부여될 뿐, 북한농업 지원사업의 장기적인 전략과 계획 속에서 어떠한 지위와 역할을 맡아야 할지에 대해서는 다양한 주장들만 있을 뿐 명확하게 정의되지 못하는 형편이다. 본격적인 단계로 접어들기 전 정부, 지자체, 민간단체, 기업 등이 북한농업 지원사업에서 차지하는 각각의 지위와 역할을 분명히 하는 등 사업 추진 체계를 체계적으로 정비하여 사업의 효율성을 극대화하는 최적의 시스템을 구축할 필요가 있다. 이 같은 최적 시스템 구축과정에서 주도적인 조정자로서 핵심적인 역할을 수행하는 일은 역시 정부의 몫이라 하겠다.

(3) 재원 및 전문 인력 부족

중앙정부는 남북협력기금을 북한농업 지원사업의 재원으로 삼기 때문에 재원과 관련된 큰 문제점은 아직 드러나지 않았다. 그러나 지자체의 경우 자체 예산을 통해 재원을 마련하며, 민간단체의 경우 모금운동과 일부 남북협력기금 지원을 통해 마련하기 때문에 조직적 토대가 우수한 일부 단체를 제외한 민간단체에게는 재원 마련이 제일 큰 문제이다. 2009년 북한농업 지원사업이 전면 중지되면서 일부 민간단체의 경우 존폐 자체가 위태로워진 상황에 맞딱뜨렸다. 향후 북한농업 지원사업이 개발지원사업으로서 본격화될 경우 전반적으로 엄청난 규모의 재정이 요구되겠지만 현재로서는 남북협력기금의 활용 외에는 별다른 대책이 없는 실정이다.

한편 북한농업 지원사업과 관련한 전문성에 대해서는 크게 남측 사업 주체의 전문 역량과 북측 사업 대상의 전문 역량으로 구분하여 살펴볼 수 있다. 먼저 남측 사업 주체의 경우 거의 모든 민간단체들이 북한농업 지원사업 수행에 필요한 농업분야 전문가들을 네트워크 형태로 보유하고 있다. 농업분야 전문가, 농촌진흥청 은퇴자, 농업 관련 산업 대표자들로 구성된 전문가 집단은 실제 사업 추진에서 중요한 역할을 수행한다.

그러나 사업 추진을 위한 민간단체 자체의 내부역량은 천차만별이다. 씨감자 증식재배 지원사업, 과수 및 채소 육종사업을 활발히 벌이고 있는 기독교 국제구호개발 기구인 월드비전이나 국제구호개발 기구 NGO인 굿네이버스의 경우 우수한 조직력을 토대로 한 사업 추진이 가능한 인적 자원 역시 충분히 갖추어진 실정이다. 반면 우리민족서로돕기운동이나 통일농수산사업단과 같은 민간단체의 경우 북한농업 지원사업에 전념할 수 있는 조직 및 인력과 운영자금이 충분치 못한 실정이다. 북한농업 지원사업의 피드백 체계를 구축하고 사업을 더욱 확장하기 위해서는 경험 있는 남측 민간단체들의 역량을 좀 더 강화시킬 필요가 있다.

한편 그동안 전개되어온 통일농수산사업단이나 월드비전의 인력교육 사업은 북한농업발전을 위한 북측 내의 전문 역량 구축이 불가능한 일만은 아니라는 것을 잘 말해준다. 일례로 통일농수산사업단은 농기계 수리운영 체계를 개선하기 위해 2007~2008년 총 9회에 걸쳐 8명의 북측 전문 인력을 양성했다. 또한 월드비전의 경우 1998년 오스트레일리아에서 5~6명의 북한 기술자들에게 수경재배기술을 훈련시키기 시작하여, 씨감자 증식재배 지원사업, 남북농업과학 심포지엄 등 북한 농업과학원을 대상으로 한 기술교육을 지속적으로 행해 왔다. 그럼에도 불구하고 북측의 전문 인력 문제는 다음 절에서 언급하게 될 북한의 시행주체 일원화 등의 문제로 인해 아직까지는 많은 한계를 보이고 있다. 향후 북한 내 농업발전을 위한 전문 인력을 보다 효과적으로 육성할 수 있는 획기적인 방안이 요구된다.

(4) 북한의 접촉창구 및 시행주체 일원화 문제

남한 농업 지원사업을 결정하는 데 있어 주요한 역할을 하는 북측의 기관은 민화협(민족화해협의회)과 민경련(민족경제협력연합회)이다. 남측의 지자체나 민간단체가 농업 지원사업을 추진하는 경우에도 북측의 사업파트너는 민화협과 민경련으로 고정되어 있다. 지자체와 의향서 및 협정서를 체결하는 대상도 시·도 인민위원회가 아닌 대남사업을 담당하는 위와 같은 북한의 기관들이다. 고성군과 개성시에서 공동영농사업을 수행해온 통일농수산사업단의 경우 명승지종합개발지도국이 관장한다. 명승지종합개발지도국은 금강산 지구 및 개성의 관광 업무를 관장하는 현대아산의 파트너로서 이 지역의 농업 지원 업무까지 관장한다.

북측의 창구 및 시행주체 일원화가 이루어질 때의 가장 큰 문제점은 협동농장 관리위원회나 시·도 인민위원회 등 사업 대상 지역의 책임 조직이나 주민들의 사업 참여 기회가 원천적으로 봉쇄되는 것이다. 북한의 체제상 정부기관이 실질적 이익과 정치적 기준에 따라 지원사업을 선별적으로 수용하고 관리하는 여건을 모두 인정하더라도, 실제 사업의 시행주체가 적극 관여하지 못하는 상황은 향후 개선되어야 할 핵심적인 과제 중의 하나이다. 개발지원사업에 있어 수혜자의 자생력을 확보하는 문제는 사업의 성과와 지속적 발전을 좌우하는 핵심 사안이기 때문이다. 자생력 확보를 위해 반드시 요구되는 계획능력, 수용능력, 관리능력의 배양은 북한의 상부기관에도 필요하지만, 보다 중요하게는 농업·농촌 지역에서 이러한 능력이 배양되고 축적되는 것이다.

남북한 사이의 접촉을 최소화하려는 북한의 입장이 변화하지 않는 한 지속적인 발전을 기대하기 어려운 것이 사실이다. 북한농업 지원에서의 신뢰관계 형성은 북한 측의 사업 기초단위와 구축되어야 하는데 현재와 같은 상부기관 요원들과의 신뢰 구축만으로는 사업의 지속성에 한계가 있을 수밖에 없다. 이른바 지남파(知南派)의 퇴진은 언제든지 이루어질 수 있기 때문이다.

한편 이들 기관이 북한 지원사업의 내용이나 지원물자 등을 조정할 수 있는 실질적 권한을 행사함에 따라 지원단체들 간의 사업 및 지원물자 중복이 발생하고, 지원사업에서 국제적으로 통용되는 보편적 규범이 적용되지 못하게 되는 문제가 발생하기도 한다. 즉, 남북한 관계의 특수성을 강조한 나머지, 사업의 진행과정과 결과에 대한 실질적인 모니터링이 허용되지 않는 문제가 야기되는 것이다. 이는 북한이 창구 및 시행주체를 일원화시킨 주요 배경으로서, 농업 지원사업의 예측 가능성을 낮추는 원인으로 작용하고 있다.

4) 사업의 성과와 한계

(1) 주요 성과

그간 진행되어온 북한농업 지원사업의 성과는 다음과 같이 요약할 수 있다.

첫째, 북한농업 지원사업을 통해 북한의 식량위기를 완화시키는 데 일정 정도 기여했으며 농업 생산 증대의 토대를 구축하는 데 기여했다. 1995년부터 급격히 하락하기 시작한 북한의 식량 총 생산량은 1997년 350만 톤을 밑돌게 되었으나, 2000년 이후 점차 회복되는 추세를 보였다. 2003년 425만 톤, 2005년 450만 톤을 생산하는 등 이후 연평균 430만 톤 내외의 생산량을 꾸준히 기록하고 있다.

식량난이 완화된 데는 그간 우리 정부가 지원해온 비료와 지자체 및 민간단체 등이 지원해온 비닐, 농약, 농기계, 종자·종축, 농업시설 등의 역할이 컸던 것으로 판단된다. 특히 북한농업 생산의 대표적인 투입재인 비료의 경우 북한 내 투입량의 72퍼센트 정도[2004년, 16만 톤(성분량 기준)]를 남한과 국제사회가 꾸준히 지원하여 북한농업 생산에 결정적인 영향을 준 것으로 평가된다. 그 밖에도 월드비전이 중점적으로 추진해온 씨감자 증식재배 지원사업을 통한다면 북한의 감자 생산에 일대 변혁이 일어날 것으로 기대된다. 북한의 감자는 2008년 기준으로 20만 헥타르의 면적에서 헥타르당 12톤 정도가 수확되어 총 생산량이 240만 톤에 달하였다. 북한은 그동안의 지원을 통해 씨감자를 이용할 수 있는 시스템을 확고히 구축했는데, 향후 퇴비·비료·농약 공급이 일정 정도 보장될 수만 있다면, 2012년에는 헥타르당 15톤, 총 300만 톤의 감자를 수확할 수 있을 것으로 평가된다. 2015년까지는 25만 헥타르의 면적에서 헥타르당 20톤의 수확이 가능할 것이며, 2020년까지 단위수확량을 25톤까지 끌어올려 총 625만 톤의 감자를 수확할 수 있을 것으로 전망된다.

한편 협동농장을 대상으로 한 지원사업 결과를 보면 벼, 콩, 옥수수 등 식량작물의 생산성이 30퍼센트 이상 증가하였으며, 축산 분야의 경우 사료 효율이 50퍼센트 이상 증가한 것으로 나타났다. 3,000여 개에 달하는 북한의 협동농장 중 그동안 북한농업 지원사업을 통해 사업을 지원받은 협동농장은 약 30개 정도인 1퍼센트 수준에 불과하므로 이러한 지원사업의 성과가 북한 전역에 어떠한 영향을 미쳤는지 정확하게 추정하기는 어렵다. 다만 보고에 따르면 농자재 지원과 연동되어 시연된 남한의 선진 농업기술이 주변 협동농장에도 빠른 속도로 파급되어 현실에 맞게 응용되는 성과가 나타나고 있다. 벼 육묘기술의 보급이 대표적인 예이며, 지원된 종자, 종축 등도 북한 자체에서 육성되어 주변으로 보급되고 있는 것으로 나타났다(통일농수산사업단 2008).

둘째, 북한농업 지원사업을 통해 북한농업·농촌 현실에 대한 정보가 축적되어가고 있다. 1960년 이래 북한은 통계자료를 공개하지 않았는데 이를 체계적인 통계자료를 구축할 만한 역량을 갖고 있지 못한 것으로도 볼 수 있다.

따라서 이러한 조건에서는 북한의 농업·농촌에 대한 신뢰성 있는 통계자료를 토대로 농업 개발협력사업의 계획을 수립할 수 없는 것이 사실이다. 다행히 2000년대 이후 활발히 전개해온 북한농업 지원사업은 이러한 한계를 극복할 수 있는 단초를 제공해준다. 즉, 남한의 농업전문가가 북한 협동농장과 농업 관련 기관 등을 수시로 방문하면서 생생한 정보들을 얻게 되고 이러한 정보들이 하나둘씩 축적되고 있는 것이다. 특히 기존에는 상상하기조차 어려웠던 대민 접촉 등이 다양한 계기를 통해 간헐적으로나마 이루어지면서 농업분야 인적 자원에 대한 간접평가가 가능해졌다.

또한 작물재배 등의 활동에 대한 직접적인 개입을 통해 생산성, 관리방식,

토양, 기후 등을 파악하여 현실적인 자료를 축적하게 된 점은 높이 평가할 만한 성과이다. 이러한 자료들은 향후 개발지원사업의 계획을 수립할 때 효과적인 현황정보로 활용될 수 있을 뿐 아니라, 북한 지역의 농업·농촌에 대한 통계시스템을 본격적으로 구축하기 위한 기본 골격을 제공하는 데 큰 역할을 할 것으로 기대된다.

셋째, 그동안 진행된 북한농업 지원사업은 향후 전개되어야 할 북한농업 개발지원사업의 모델을 창출한 것으로 평가된다. 이는 다음과 같은 측면에서 향후 지원사업의 긍정적인 모델이 될 수 있을 것으로 사료된다. 먼저, 그간 북한농업 지원사업이 이루어진 대부분의 지역에서 농업 생산성이 향상되는 효과를 가져왔다. 이는 한국농업기술이 북한에 효과적으로 적용될 수 있다는 점을 확인해준 소중한 성과이며, 또 다른 한편으로는 개발지원사업에 대한 북한의 수용태도를 개선할 가능성이 매우 크다는 점을 암시해준다. 최근 북한은 남한의 농업기술에 의해 생산성이 급격히 향상되자, 그 이전까지 남한 지원물자에서 상표를 제거할 것을 요구하고, 농민 접촉을 매우 엄격히 제한하였던 관행에서 벗어나, 남한의 농업기술자가 북한의 농장원과 대화하고 재배 결과에 대해 토론하는 것 등을 허용하는 태도를 보이고 있다.

다음으로 단순 물자지원에서 벗어나, 농장 자체의 수익창출을 시도하는 등 다양한 형태의 사업을 담고 있다는 점에서 향후 북한농업 개발지원사업에 적용될 수 있는 모델이 창출된 것으로 평가할 수 있다. 또한 일회성으로 끝나는 사업이 아니라, 그 진행기간이 2~3년 정도 지속되는 사업에 대한 남북한 관계자들이 미리 논의하고 준비하는 구조를 만들고, 지속적으로 운영하며, 지원대상 지역의 농업발전에 필요한 인적·물적 자원이 점차적으로 구축되어가고 있는 점도 높이 평가할 만하다.

넷째, 북한농업 지원사업은 북한농업 생산의 낮은 수준으로 인해 아직 본격화되지 못한 농업 교류협력을 한층 높은 단계로 발전시킬 토대를 제공한다. 이는 북한농업의 생산력 증대 및 품질 향상을 통해 남북농업 교류협력 활성화의 토대를 구축한다는 측면 외에도 농업분야 교류협력의 아이템을 보다 적극적으로 발굴하고 실현시킬 가능성을 높여준다는 측면에서 큰 성과가 나타나고 있음을 의미한다.

씨감자 증식재배 지원사업을 통해 향후 남한의 감자산업과의 결합 및 협력 가능성을 확인한 점이 대표적인 사례다. 씨감자 증식재배 지원사업 대상 지역인 북한 양강도 대홍단군의 경우 북아메리카 감자 채종재배지대와 유사한 세계적 수준의 환경을 보유하고 있다. 바이러스 오염원 등이 효과적으로 차단된다면 구릉지인 남한의 대관령과는 비교도 되지 않을 만큼의 평탄하고 대규모인 고랭지를 확보한 것으로 볼 수 있다.

북한농업 지원사업을 통해 향후 남한은 북아메리카나 오스트레일리아에서 수입한 감자 대신 북한 감자를 수입하게 될 수도 있고, 대홍단군에서 남북한이 협력하여 질 좋은 씨감자를 공동 생산·수출할 수도 있는 가능성을 확인한 점은 향후 남북농업 교류협력의 밝은 전망을 보여주는 매우 큰 성과라 아니할 수 없다.

(2) 한계

위와 같은 성과에도 불구하고 북한농업 지원사업은 아직까지 많은 측면에서 극복되어야 할 한계가 있다. 첫째, 남북 간의 모든 행위가 그러하듯 정치적 상황 변화로 인해 사업이 예기치 않게 중단되거나 진행에 장애가 발생하는 경우가 빈번히 발생한다. 특히 핵문제와 미사일 발사로 대표되는 한반도 정세의 불안정성은 남북관계에 가장 큰 영향을 미치는 사안이며, 불안정성을 평화적으로 관리할 수 있는 획기적 조치가 뒷받침되지 않는 한 이를 극복하기란 매우 어렵다. 문제는 한번 중단된 사업은 재개 자체가 불투명하며 대부분의 경우 사업 중단으로 귀결되는 데 있다(권태진 2009b). 북한농업 지원사업 추진은 2009년 현재 몇몇 기술 지원을 제외하면 모두 중단된 상태다. 정치적 긴장 국면에서도 북한농업 지원사업이 '독립하여 지속적으로' 추진될 수 있는 방안 마련이 시급하다(통일농수산사업단 2009).

둘째, 사업 대상 지역이 협소하고, 지속적 발전 가능성이 불확실하다. 그동안 북한농업 지원사업의 경우 씨감자 증식재배 사업을 제외한 대부분의 사업이 평양 근교와 금강산 및 개성 지역 등 특수 지역을 중심으로 전개되었다. 사업의 성과들이 인근 지역으로 파급되고 있다는 긍정적인 평가에도 불구하고 실제 사업 대상 지역이 북한의 특정 지역으로 제한된 점은 북한 전체의 농업 발전을 도모한다는 목표 달성에 커다란 제약으로 작용한다.

한편 사업 대상 지역의 경우에도 물자 지원 등 남한으로부터의 지원이 끝난 후에도 사업의 성과가 지속될 수 있는지 여부가 불투명하다. 이의 핵심적인 이유는 북한의 사업성과 축적 단위가 불명확하고, 전체적인 경제시스템이 불안정하다는 데 있다. 물론, 사업의 성과로서 각종 건물과 축사, 재배시설, 농기계 등 농업발전에 필요한 시설·설비나 이미 양성된 전문 인력 등이 사업 단위에 지속적으로 남아 있으므로 사업 대상 지역의 지속적인 발전을 위한 기본적인 역할이 수행되고 있다고 볼 수는 있을 것이다. 그럼에도 불구하고 사업이 완료된 지역의 경우 사업진행 당시 나타난 생산성 증대 및 기술발전의 성과가 지속되고 있는지의 여부가 불투명할 뿐만 아니라 정확하게 확인되지 않기 때문이다.

셋째, 북한농업 지원사업에서 필요 물자의 직접적인 지원이 여전히 핵심적인 지위를 차지하는 점이다. 북한이 농업 지원을 요청하는 분야의 대부분은 낙후된 기반을 복구하거나 새로운 기술을 보급하고자 하는 것이며, 이 경우 가장 우선시되는 것은 관련 물자의 보급이기 때문에 당연한 결과라고 할 수 있다. 두벌농사(이모작) 확대의 경우 이를 위한 농자재 공급이 확대되어야 하고, 농업 생산기반에 대한 확충의 경우도 농경지를 복구할 수 있는 장비와 물자, 양수장 시설 및 펌프 등이 요구되며, 감자 농사혁명에 있어서도 씨감자 조직배양 시설 및 장비, 바이러스 검정을 위한 장비 및 시약, 씨감자 보관을 위한 저온저장시설 등이 우선적으로 필요하다.

이처럼 북한농업 지원에 있어 필요 물자 지원이 반드시 수반되어야 함은 두말할 필요가 없다. 그러나 물자 지원 외에도 북한농업의 발전을 위해 개선되어야 할 영역은 매우 넓다. 대표적으로 필요 물자의 자체 생산시스템 미흡,

농장경영·관리·분배능력 등의 낙후성이 핵심적 과제로 꼽힌다. 이는 농업구조 개선 문제를 근본적으로 다루지 못하는 현 북한정부의 한계에서 기인한 것으로, 이를 한꺼번에 해결할 수 없음도 사실이다.

그럼에도 불구하고 북한농업 지원사업의 성격이 필요 물자에 대한 직접적인 지원에서 점차적으로 탈피하는 문제는 매우 중요하다. 북한 스스로도 물자 측면에서 남한에의 예속을 경계하고 있을 뿐만 아니라, 지원국의 입장에서도 낚시하는 방법을 알려주는 것이 훨씬 효과적이기 때문이다. 앞으로는 필요 물자를 직접 지원하는 방식의 활동에서 벗어나 북한 스스로 필요 물자를 생산하거나 조달할 수 있도록 지원하는 데 더욱더 큰 힘을 기울이는 한편, 경영·관리·운영 등 소프트웨어적인 측면을 효과적으로 지원하는 방안도 적극 모색되어야 할 것이다.

넷째, 상시적 접근 및 연락시스템이 부재하며, 물자 및 인원이동이 매우 복잡한 점이다. 북한농업 지원사업에서 필요한 물자를 적시에 적지로 공급하는 문제는 한 해 농사의 성패를 좌우할 정도로 중요한 사안이다. 또한 기상이변 등 상황 변화에 유연하게 대처할 수 있는 능력 역시 매우 중요하다.

그러나 필요할 때 곧바로 사업 대상 지역의 현황을 파악할 수 있는 방법이 현재로선 마땅히 없다. 따라서 문제가 발생한 뒤 한참 후에야 소식을 접하게 되고, 뒤늦게 대책을 모색하는 경우가 흔히 발생한다. 이러한 문제는 상호 연락시스템을 개선하는 것만으로도 충분히 해결할 수 있을 것이나 아직 이러한 문제에 대한 논의가 본격적으로 전개되지 않고 있다. 이는 남북 간의 통신이 자유롭지 못하기 때문이다. 특히 북한의 사업 대상 단위가 직접 남측에 상황을 알릴 수 있게 되기까지는 앞으로도 많은 시간이 소요될 것이다.

물자 및 인원이동의 절차가 매우 복잡하다. 2009년 현재 사전에 승인된 통행시간에만 통행하도록 한 통행시간 지정제도로 인해 북한 출입자가 필요한 시간에 편리하게 통행하는 것이 불가능하다. 이러한 측면은 남북관계의 발전에 따라 점차 개선되어가겠지만 현 단계에서는 북한농업 지원사업의 효율적 진행을 가로막는 장애요인으로 작용한다. 물자와 인원의 입경 및 출경 절차를 거치는 데 매우 많은 노력과 시간이 소요되며, 형식적인 경우가 너무 많다는 것 또한 사실이다.

다섯째, 지원사업의 지속기간이 짧은 탓에 충분한 효과를 나타내지 못하는 점이다. 일부 사업을 제외한 대부분의 사업이 단기적으로 마무리되기 때문에 성과를 거두기 어렵다. 따라서 사업을 계획할 때도 지속적인 사업을 통해 북한 내 변화를 기대하기보다는 일시적인 문제를 해결하는 방향으로 추진되는 경향이 있다. 이 경우 사업의 종료와 더불어 제반 조건이 사업 시행 이전 상황으로 회귀하여 그간의 성과가 사라짐으로써, 결과적으로는 북한농업의 자생력을 높이는 데 기여하지 못하는 현상이 발생하게 된다.

3. 농업 교류협력사업의 평가

1) 사업목표의 타당성

농업 교류협력활동을 통해 얻고자 하는 목표는 전체적인 남북 간의 교류협력활동의 목표와 크게 다르지 않다. 즉, 교류협력을 통해 공동의 경제적 이익을 도모하고, 통일을 지향하는 관점에서 민족의 동질성 회복 및 사회·문화공동체 형성에 기여하는 것이다(통일부). 이러한 목적 하에 그간 농업 교류협력사업은 경제적 측면에서는 농수산물의 반입과 반출(교역), 계약재배 및 가공유통 등 투자협력사업을 통해 진행되고 있으며, 정책적 측면에서는 남북 당국 간의 협의활동 및 공동정책의 모색 등을 통해 진행되어 왔다. 남측의 농림부와 북측의 농업성은 지난 2005년과 2007년 각각 남북농업협력위원회를 개최함으로써 농림수산업 분야의 다양한 영역에서 교류협력에 대한 합의문을 도출한 바 있다. 한편 사회적·문화적 분야의 농업 교류협력은 농업분야 종사자들의 인적 교류, 견학 및 학술·문화 행사 등을 통해 수행되어 왔다.

농업 교류협력사업의 이와 같은 목표는 통일을 지향하는 (적어도 표면상으로는) 특수한 관계에 놓인 남북한의 입장을 고려할 때 높은 당위성을 지닌다고 볼 수 있다. 그럼에도 이와 같은 교류협력사업의 목표는 교류협력사업에 대한 다양한 입장 차이를 극복하지 못한 결과, 그 목표에 대한 동상이몽이 지속되고 있다. 이러한 견해 차는 시기에 따라 남과 북에서 각각 표면화되기도 하고, 잠복하기도 하면서 교류협력사업의 안정적이고 지속적인 진행과 활성화에 장애요인으로 작용한다.

(1) 교류협력의 목표에 대한 시각차이 존재

교류협력에 대한 시각 차이는 크게 남북교류협력을 남북통합 기반 조성으로 보는 견해, 북한체제 경쟁능력 향상으로 보는 견해, 흡수통일의 연장선상으로 보는 회의적인 견해 등 세 가지 형태로 존재한다(최영표 2001). 남북교류협력을 남북통합의 기반 조성으로 보는 견해는 남한의 통일정책과 포용정책에 그 근거를 두고 있다. 따라서 남북 교류협력사업의 주요 목표는 남북 간의 불신풍조를 해소하고, 신뢰회복의 전기를 마련하는 것이 된다. 더 나아가 급진적인 통일을 이루기 어려운 현재 조건에서 교류협력을 통해 북한의 개방을 유도하고, 상호 동질성을 점진적으로 회복하는 데 기여하는 점도 암묵적인 목표다.

한편 교류협력이 북한의 체제 경쟁능력을 향상시켜주어 실제 통일에도 역행한다는 견해는 남측 내의 대표적인 보수적 견해로서 교류협력에 자체를 부정적으로 바라보는 입장이다. 즉, 북한이 현재 남북교류협력에 응하고 있는 것은 실제 통일기반 조성에 동의해서라기보다는 작금의 경제적 위기를 해소하기 위한 전술에 불과하다는 것이다. 따라서 이 견해에 따르면 교류협력을 통한 공동체 형성은 불가능하며, 오히려 북한에 이용만 당하게 되는 결과를 초래하게 될 것이므로 교류협력은 불필요하다는 결론에 이르게 된다.

마지막으로 남북교류협력을 흡수통일의 연장선상으로 보는 견해는 북한 내 보수집단의 견해로 볼 수 있다. 남북경제공동체안 자체가 북한의 경제체제를 남한경제에 예속시키기 위한 정책이라는 주장이 이러한 견해의 대표적인 예다. 이 견해에 따르면 남북교류협력이란 북한정책을 서서히 와해시키는 전략의 하나로, 경쟁력이 뒤지는 북한체제가 붕괴되거나 남한에 예속되는 결과를 초래할 수 있다는 것이다. 따라서 이 또한 남북교류협력 자체를 부정하는 입장이라 볼 수 있다.

이상과 같은 남북교류협력에 대한 여러 입장들 중 어떠한 입장이 남과 북 각각에서 우위를 점하느냐에 따라 교류협력사업의 타당성이 좌우되는 것이 지금 우리의 현실이다. 이를 극복하기 위해서는 교류협력에 대해 대북 통제력을 강화하겠다는 암묵적인 목표나 대남의존성이 심화될 것이라는 암묵적 우려보다는 순수 경제적인 측면에서 이익을 상호 공유하고, 민족적 동질성을 높이며, 상호 발전을 돕는 민족적 차원에서 이루어지는 것이라는 관점을 보다 명확히 공유하는 것이 중요하다.

(2) 교류협력 목표 달성을 위한 북한정부의 적극성 부재

1980년대 말부터 본격화된 경제위기 이후 북한은 경제적 이익과 체제 안정이라는 두 가지 목표 사이에서 끊임없이 갈등하고 있다. 이러한 상황에서 남한과의 교류협력은 북한에게 경제적 이익에 도움이 되는 동시에, 체제를 위협할 수 있는 여지가 있으므로 주의 깊게 감독해야 하는 뜨거운 감자가 된다. 따라서 현재의 북한으로서는 체제 안정과 경제적 이익이라는 두 가지 국가적 목표 사이에서 체제 안전을 위협하지 않는 수준에서 교류협력을 진행할 수밖에 없는 한계가 있다(이정우 2006).

그간 남북 간의 수많은 합의가 진행되고, 농업분야에서도 다양한 내용의 교류협력사업이 논의·합의되어 왔음에도 성사된 사업이 그다지 많지 못한 점은 교류협력에 대한 북한정부의 소극성과 밀접한 연관이 있다. 북한이 교류협력에 적극적으로 임하게 하기 위해서는 대남의존성 심화 및 체제 불안요소에 대한 우려를 불식할 수 있도록 농업 교류협력사업이 조리 있게 추진되도록 하는 것이 요구된다. 더불어 자그마한 성과라도 잘 공유하고, 지속적으로 발전시킨다는 원칙을 철저히 견지하는 것이 무엇보다 중요하다.

(3) 농업 교류협력사업의 특성 고려

농업 교류협력의 타당성에 영향을 미치는 요소에는 긍정적인 것과 부정적인 것이 동시에 존재한다. 부정적인 요소는 앞에서 언급한 내용들과 함께 수익 창출의 가능성이 그다지 높지 않다는 데 있다. 2000년도 이후 농업분야의 경제협력사업은 그 명맥은 유지되고 있으나, 그 이전에 추진되었던 사업은 대부분 중단되었거나 실패하였다는 점이 이를 반증한다. 최근 상황 또한 버섯재배 및 가공, 김치 가공 등 유통 분야의 경협사업 외에는 농업분야의 교류협력사업이 비교적 활발하지 못한 실정이다(권태진 외 2008).

한편 긍정적인 요소는 그간 남북이 합의한 농업분야의 교류협력사업 내용이 상당히 구체적이며, 충분히 실현가능하며, 서로에게 이익이 되는 내용들이라는 것이다. 지난 2007년 12월 남북이 당국 차원에서 서로 합의한 교류협력사업의 주요 내용이 유전자원 저장고 건설, 검역 및 방역, 유전자원 교류 및 공동연구, 농업과학기술 교류 등이란 점이 이를 잘 보여준다. 이러한 내용들은 정치적으로 민감성을 띠지 않을 뿐 아니라 남북에 공히 이익이 되면서 서로에게 절실한 내용들인 것이다. 앞에서 거론한 부정적인 요소들을 극복해가면서, 남북이 구체성과 실현 가능성이 있는 교류협력사업의 실행에 노력을 기울여 해나간다면 사업목표의 타당성은 더욱더 증대될 것이다.

2) 사업 추진과정

(1) 교역 및 투자협력에 대한 제도 및 규범의 미흡

교역 및 투자협력의 안정적 발전을 위한 제도 및 규범이 초보적 수준에 머물러 있다. 교역에서의 관련제도 및 규범의 미흡은 북한산 농림수산물의 반입에 대한 우리 정부의 이중적 태도에서도 찾아볼 수 있다. 즉, 내국 간 거래로서 활성화시키는 측면이 있는 반면 반입승인을 요하는 품목 189개를 지정하여 남한 내 농가 경제에 피해를 줄 우려가 있는 농산물에 대해서는 수입을 제한하는 측면이 동시에 존재하는 것이다. 이러한 이중성으로 인해 관련 제도

정비도 불확실한 실정이다. 투자보장, 이중과세 방지, 분쟁조정, 청산결제 등의 문제와 관련해 합의서를 체결했거나 비준을 거쳐 발효단계에 있으나 세부 규정, 협의체, 담당기관 등이 없어 제 기능을 발휘하지 못하는 일들도 발생한다. 교역규모가 크지 않을 경우 이러한 이중성과 관련제도의 막연함이 유연성을 발휘하게 하여 긍정적으로 작용할 수도 있겠지만, 다른 한편으로 이는 남북한 교역을 가로막는 요인으로 작용할 수도 있다. 북한산 농림수산물 반입에 대한 정부의 입장이 불분명하면 기업이 북한산 농림수산물 도입계획을 수립·추진할 때 물품 수요와 사업 전망에 대한 예측 가능성이 낮아지기 때문이다.

한편 투자협력에 있어서도 제도와 규범이 매우 미흡하다. 투자협력에서 제일 중요한 문제는 투자비용 회수의 문제이다. 특히 합영이나 합작형태의 투자협력사업에서는 투자비용 회수의 여부가 지속적 추진을 결정하는 데 핵심적인 요소로 작용한다. 그럼에도 불구하고 기존 농업분야의 투자협력사업에서는 생산된 농산물의 처리, 이익 배분, 과실 송금에 대한 합의 내용이 매우 빈약한 실정이다(권태진 2009a).

또한 북한과 투자사업이나 계약재배 협력사업을 추진하고자 할 때 어떤 통로를 통해 어떤 절차를 밟아 추진해야 하는지 불투명하다. 투자협력의 경우 먼저 교류협력의 상대방과 접촉하고 의사교환을 하는 것에서 시작한다. 사업을 개시하기 위해서는 통일부로부터 협력사업자 및 사업승인을 받아야 하고, 이 과정에서 북측과 협의하기 위해 빈번히 접촉하게 된다. 사업이 진행되면 방북하여 비로소 사업 개시 및 협상과정을 하게 된다(권태진 외 2008).

교역 및 투자협력사업 추진과 관련하여 2005년 개성에 남북경제협력협의사무소(남북경협사무소)를 설치하여 정부 차원의 상설 협의기구가 이 기능을 수행하기로 되어 있었다. 그러나 이 사무소의 기능이 소개와 상담에 집중되어 있어, 교역과정에서 발생한 문제의 조정과 협의기능에 매우 취약할 뿐 아니라 2008년 초 북한의 요구에 따라 개성에서 철수해야 했을 만큼 제도적으로 취약한 상태이다(권태진 2009a).

북한 주민 접촉의 경우도 사후신고제도, 결과보고서 제출 등의 문제가 남북한 주민 간의 자유로운 왕래와 접촉의 실현이라는 목표에 부합되지 않는 것으로 볼 수 있다(이규창 2008).

(2) 북한농업 지원사업과의 연계성 미흡

남북농업 교류협력사업에서 중요한 역할을 차지한다고 볼 수 있는 교역의 경우에도 현재의 단순 수집이나 단순 반출·반입 방식으로는 한계가 있을 수밖에 없다. 왜냐하면 농업 생산과 관련된 전후방 산업이 잘 연계되어야 교역도 활성화될 수 있는데 현재 북한의 여건은 그렇지 못하기 때문이다. 예를 들면 우리나라의 경우 품질 및 안정성에 대한 요구도가 높은데 현재의 방식인 단순 수집, 반출·반입 방식으로는 이러한 요구에 부응하기 어렵다(박영복 2008). 따라서 농산물 교역의 경우도 북한농업 지원사업과의 체계적인 연계가 요구된다.

한편 농업분야 투자 및 계약재배 협력사업의 경우도 비슷한 형편인데, 농업분야 투자 및 계약재배 사업에 개별 업체가 인프라 조성이나 다양한 기술을 접목하기는 어려운 실정이다. 따라서 북한농업 지원사업과 적극적이고 효과적으로 연계되어 추진될 필요가 있음에도 불구하고 이루어지지 못하는 실정이다.

한편 투자협력사업과 북한농업 지원사업의 연계 강화 문제는 북한농업 지원사업 측면에서도 흔히 제기된다. 즉, 후속 조치로서 계약재배 또는 투자협력사업 등과의 활발하게 이어지지 못하면 북한농업 지원사업 역시 지속가능한 자립적 발전 경로를 마련해주지 못하고 마무리될 가능성이 높아진다. 이런 경우 북한의 사업 대상 단위나 지역이 지원 이전의 상태로 되돌아갈 가능성이 높다.

(3) 남북 간의 정치적 관계에 따른 부침(浮沈) 반복

북한농업 지원사업과 마찬가지로 남북농업 교류협력사업 역시 남북 간의 정치적 관계가 사업 실행 여부에 직접적인 영향을 끼친다. 남북한 사이의 농업 교류협력을 위한 방안은 초보적인 수준이라 할지라도 이미 합의되어 있는 상태이다. 지난 2007년 12월 18일 남북한 당국자 간의 남북농업협력 실무접촉에서 합의된 내용이 바로 그것이다.

그러나 실행을 위한 구체적 방안이 마련되기도 전에 미사일 발사, 핵문제 등 분단으로 인한 긴장관계가 조성됨에 따라 좋은 내용도 무용지물이 되어버렸다. 이러한 상황을 타결하기 위한 방안으로는 '그랜드 바겐'이 유용할 수 있고, 정치적 상황과는 무관하게 다양한 분야에서 꾸준히 교류협력을 추진하는 것도 유용할 수 있을 것이다.

이에 대한 논의는 본 연구의 주제를 넘어서는 전략적 검토를 요구하는 것이기에 논외로 하더라도, 적어도 남북농업 교류협력사업이 단지 농업분야의 변수뿐 아니라 정치, 외교, 군사 등 남북 간의 다양한 영역과 무관하게 독립되어 전개될 수 있는 사안이 아니라는 점만은 분명히 밝힐 수 있다. 남북교류가 비교적 활발히 전개되던 지난 10년 동안 타 분야와 달리 농업분야의 남북교류협력은 가시적 성과를 내지 못했다는 점이 이를 반증한다. 향후에도 남북 간 혹은 북·미 간의 평화협정체결 등 최소한의 안정적 조건이 형성되지 않는 한 남북농업 교류협력이 본격화되기는 어려울 것으로 보는 것이 타당할 것이다. 이는 인도적 지원의 성격을 동반하여 진행되어온 현재의 북한농업 지원사업과 구별되는 남북농업 교류협력사업의 특징이기도 하다. 또한 개성공단을 중심으로 진행되어온 일반 남북경협사업이 그간의 진전을 통해 새로운 정치적 조건에서도 흔들리지 않을 수 있는 수준에 이른 것과 달리 남북농업 교류협력은 아직 초보적인 수준에 놓여있기 때문에 남북관계에 더욱 큰 영향을 받는 것으로 판단된다.

3) 사업 참여주체의 여건

(1) 투자나 계약재배의 경우 참여주체가 극소수

지금까지 교역을 제외한 투자협력사업이나 계약재배 사업에 참여한 남측의 기업은 총 다섯 곳이며, 통일부가 승인한 사업은 여덟 건에 불과하다. 다섯 개 기업은 금강산 영농단지에서 생산된 과채류를 금강산관광지구에 납품할 목적으로 투자협력사업을 추진해온 현대아산, 계약 이전 협의단계에서 사업 추진이 중단된 두레마을과 백산실업, 최근 북한 현지에 생산공장을 준공했으나 협력사업 추진단계에서 투자 확대에 어려움을 겪고 있는 안동대마방직, 현재 협력사업 준비 또는 협의단계에 있는 제일유통 등이다. 사업 건수는 제일유통이 네 개의 협력사업을 승인받아 총 여덟 건이 되었다.

이처럼 남북농업 교류협력사업의 경우 참여하는 주체들이 많지 않을 뿐 아니라, 이렇다 할 성과를 보인 사례가 거의 없다. 이는 앞서 언급한 바와 같이 투자비용을 회수할 수 있는 전망이 뚜렷하지 않고, 투자규모나 투자비용 회수 여건에 비해 거래경비가 과다하게 들기 때문인 것으로 평가된다. 또한 남한 측 사업시행자들의 목표가 지속적인 경협 추진을 통한 중·장기적인 이익 추구의 측면보다는, 북한과의 사업을 시작한다는 측면과 해당 분야의 대북사업을 선점하는 측면을 중시하는 경향이 있는 것도 성과가 미흡한 이유 중의 하나로 지적된다(권태진 2009a).

(2) 남북농업 교류협력사업을 모색하는 다수의 기업

투자사업이나 계약재배 사업의 참여주체 수는 적은 반면 남북 간의 농림수산물 수출입업에 종사하거나 투자 및 계약재배 사업에 관심을 가진 기업은 많은 편이다. 지난 2008년 3월에 창립된 「남북농림수산물사업협의회」의 회원사가 80여 개에 달하는 점이 이를 증명한다. 대다수의 기업은 남북농림수산물사업협의회를 통해 북한에 대한 전반적인 정보를 교류하고, 사업 추진을 위한 전문성을 확보하기 위해 노력 중이다.

북한농업의 수준이 낮은 현재와 같은 단계에서는 교류협력이 양적으로 많다고 무조건 좋은 것만은 아닐 것이다. 참여주체들의 확고한 준비 속에서 체계적인 농업 교류협력이 진행될 수 있도록 하는 것이 보다 중요하다. 비록 아직 외견상으로는 농업 교류협력사업에 참여하는 주체들이 많지 않을지라도 남북농업 교류협력의 기본적인 여건이 조성되면 활발히 뛰어들 수 있는 예비주체들은 농업 관련 기업들을 중심으로 매우 폭넓게 형성되어 있다고 평가할 수 있다.

(3) 남북농업 교류협력 참여주체들의 다양성

농업 교류협력에 참여하는 주체들은 관련기업 외에도 다양하게 존재한다. 대표적인 경우가 지방자치단체이다. 지자체의 경우 북한농업 지원사업의 일주체이기도 하지만 농업 교류협력사업에서도 큰 역할을 수행해오고 있다. 대표적인 경우가 강원도이다. 강원도는 남북으로 갈라진 도의 특성으로 인해 교류협력사업이 유난히 활발한 편인데, 농업분야의 교류협력에서도 많은 사업을 전개하였다. 투자 및 계약재배 사업 등을 제외한 농업분야의 사회·문화 교류 또는 산림자원보전, 병충해 공동방제 등의 공동 활동영역에서 지자체는 중요한 역할을 수행할 수 있을 것으로 기대된다.

한편 정부 차원의 남북농업 교류협력사업은 농림수산식품부 농업정책국 농업정책과와 국제수산관실 어업교섭과가 중심적인 역할을 수행하고 있다. 이들이 중심이 되어 농수산 분야에서 남북협력사업 계획 및 실무회담에 관한 사항, 남북농수축산물 반출·반입에 관한 사항, 남북협력과제 발굴 및 사업 추진에 관한 사항 등을 담당한다. 그 밖에도 남측의 농업인 단체들 또한 농업 교류협력의 주체로서 역할을 수행할 수 있을 것이다.

북한의 농업 교류협력사업 주체는 북한농업 지원사업의 경우보다 더욱 제한적이다. 이는 오랫동안 폐쇄된 체제를 유지해온 북한이 농업 교류협력사업에 임하는 태도가 상호이익을 추구하기보다는 일방적인 지원을 받는 데 머물러 있기 때문이다. 따라서 농업 교류협력사업은 당과 중앙정부가 전면에 나서서 북한농업 지원사업의 경우보다 더 철저하게 전략적·전술적으로 임할 가능성이 높은 영역이라고 평가할 수 있다.

4) 농업 교류협력사업의 성과와 한계

(1) 성과

그간 진행되어온 농업 교류협력사업의 성과를 종합해보면 다음과 같다. 첫째, 북한농업 개발지원사업 외의 농업 교류협력이 필요한 부분에 대해 남북한이 상호 합의를 도출한 것은 제일 큰 성과다. 특히 우량종자 생산 및 관리기술 교류, 유전자원 교환 및 수집·보존·이용 등을 위한 공동연구, 동식물 검역 및 방역 체계 협력, 농업과학기술 협력, 수산 협력 등에 대한 합의를 도출한 것은 단순 지원사업을 넘어선 본격적 교류협력의 단초를 제시한 것으로 평가할 수 있을 것이다. 향후 구체적 실행방안을 합의하고 이를 위해 매진하는 것이 과제로 남아있으나 당국 간에 머리를 맞대고 논의하는 것 자체가 이미 큰 성과이며, 이를 상호 간의 경제적 이익을 위한 협력의 장으로서 지속적인 역할을 수행할 수 있도록 발전시켜야 할 것이다.

둘째, 남북농업 교류협력의 중심축이라 할 수 있는 투자 및 계약재배 사업의 경우 실행 건수는 미흡하나 실현가능한 분야들에 대한 모색이 활발히 진행되고 있다. 작물 생산 및 가공 분야에서 계약재배의 활성화를 통한 상호 발전 모색, 북한의 지형 및 기후 특성을 기반으로 한 고랭지 채소의 생산 및 대남 판매사업, 잠업의 계약 또는 합작사업, 인삼재배 및 가공 협력, 식물성 한약재 생산 및 가공 등이 대표적인 예다[5].

셋째, 남북한 간의 불안요소가 상존함에도 불구하고 농업 교류협력에 대한 민간기업들의 관심이 고조되고 있다. 이는 남북관계의 진전과 교류협력에 대한 제도 및 규범이 개선될수록 더욱 표면화될 것으로 기대된다. 특히 민간기

---

5 자세한 내용은 권태진 외 2008, pp. 72-85를 참고할 것.

업의 관심이 산발적이며 일회적인 수준을 넘어서 조직적이며 지속적인 역량으로 존재하는 점은 매우 고무적인 현상이라 할 수 있다.

넷째, 농업분야 학술 교류는 그간 남북농업 교류협력사업에서 제일 활발하게 전개되었으며, 가장 큰 성과를 거둔 분야다. 특히 정세의 변화에 연동되지 않고 지속적으로 진행해온 점은 높이 평가될 만하다. 학술 교류는 상호 교류의 출발점으로서, 북한의 수용태도와 남한의 적극성이 잘 맞는 부분이며, 장기적으로는 기후변화 대응, 통일 후 농업구상 등을 통해 한반도 농업의 미래를 준비하는 토대가 될 수 있다. 또한 학술 교류활동은 북한농업 지원사업의 성과물로서 향후 기업이 주축이 될 남북농업 교류협력사업이 북한농업 지원사업과 어떻게 연계되어야 하는지를 보여주는 소중한 성과라 아니할 수 없다.

(2) 한계

이러한 성과에도 불구하고 남북농업 교류협력사업은 다음과 같은 한계들을 안고 있다. 첫째, 남북농업 교류협력사업은 그 전개에 있어 자체적으로 완결된 구조를 갖지 못하였다. 즉, 분단된 조건에서는 평화협정과 같은 최소한의 조건들이 보장되지 못하는 한, 사업의 개시조차 불투명할 수 있는 점이다. 통일을 지향하되 분단을 안정적으로 관리하면서 정부 간 교류협력의 틀을 지속적으로 유지하는 것이 큰 과제라 할 수 있다.

둘째, 북한농업의 낮은 수준으로 인해 제약 요건이 많은 점이다. 남북농업 교류협력사업이 성과를 보이기 위해서는 이로 인한 제약요건들을 효과적으로 극복해야 한다. 즉, 교역은 물론 여타의 농업 교류협력사업의 영역들이 북한농업 지원사업의 성과에 따라 좌우될 것이므로 북한농업 지원사업과 활발히 연계하여 추진할 방도에 대한 적극적 모색이 중요하게 대두된다.

셋째, 교역은 물론 투자 및 계약재배 사업 등의 활성화를 위해서는 위의 한계들 외에도 제도적으로 개선해야 할 점이 많다. 검역 체계, 물류, 투자비용 회수 보장 등이 시급히 해결되어야 할 대표적 과제들이다.

넷째, 교역과 투자, 계약재배 등을 제외한 남북농업 교류협력사업의 대부분이 일회성 사업으로 끝나는 경우가 많은 점이다. 이렇게 되는 배경에는 여러 이유가 있겠으나 교류협력사업이 이벤트성을 띤 경우가 많은 점, 북한이 이러한 이벤트에 지속적으로 응해줄 여건이 아니라는 점 등이 거론될 수 있을 것이다.

제5장

향후 전개방향 및 활성화 대책

본 연구에서는 북한농업 지원사업과 남북농업 교류협력사업을 각각 구분하여 평가를 수행하고자 노력하였다. 앞서 언급한 바와 같이 두 사업은 상호 긴밀한 관계를 맺고 있으면서도 사업진행에 있어 참여주체와 대상 및 사업방식과 중·장기적 전망이 서로 다를 수 있기 때문이다. 이하에서는 지금까지의 평가를 토대로 북한농업 지원사업 및 남북농업 교류협력사업의 향후 전개방향과 이를 활성화하기 위한 대책을 제시하고자 한다.

1. 향후 전개방향

1) 농업 개발지원사업의 본격화

현재 북한의 경제난 극복과 농업발전을 위해서는 체계적인 외부의 지원이 필수 불가결이다. 그러나 그간 남한의 북한농업 지원사업은 식량 지원 등의 인도적 지원사업이 자연스럽게 발전해온 까닭에 체계적이지 못하였다. 이에 따라 성과 역시 제한적이었다. 이러한 한계를 극복하기 위해서는 제대로 된 체계를 갖춘 농업 개발지원사업으로 진행할 필요가 있다.

이를 위해서는 먼저 농업분야를 둘러싼 남북한 간의 행위를 북한농업 지원사업과 농업 교류협력을 의도적으로 구분하여 생각할 필요가 있다. 이는 단순히 용어들의 혼동을 정리하고 체계화시키고자 함이 아니다. 양 사업을 구분하여 사고해야 하는 가장 큰 이유는 두 사업의 특성과 목적, 접근방식, 발전경로, 사업진행방식 등이 서로 다르며, 참여주체에 있어서도 북한농업 지원사업은 국제사회의 역할까지도 적극 염두에 둬야 하는 등 많은 영역에서 양 사업의 성격이 구분되기 때문이다.

또한 북한농업 개발지원사업의 본격화에 대한 요구가 북한은 물론 남한 및 국제사회에서도 높은 점 역시 양자를 구분하여 추진해야 하는 데 주요한 근거가 된다. 현재의 북한은 농업수준의 저위 및 사회의 폐쇄적 특성으로 인해 남북농업 교류협력에 적극적으로 임하기 어려운 상황이다. 물론 북한농업 개발지원사업 역시 남한의 적극적인 개입과 관련해 현 북한 정권이 우려하는 점이 많기 때문에 향후 전망이 불투명한 것도 마찬가지이다.

그럼에도 북한농업 지원사업은 남북농업 교류협력사업에 비해 상호 교류보다는 일방 지원의 요소가 많기 때문에 북한이 수용할 수 있는 여지가 훨씬 크다. 따라서 북한농업 개발지원사업과 남북농업 교류협력이 서로 혼재되어 사업 주체나 목표, 자금 등이 애매하게 뒤섞이는 것보다는 양자를 구분하여 각기 독립된 사업 추진 체계와 로드맵을 갖추어 전개되도록 하는 것이 바람직할 것으로 사료된다. 다만, 사업 간의 상호 연계성이 분명 존재하기 때문에 일정 수준에 오르게 되면 양 사업의 추진에 있어 상호 연계성을 높이는 등 운영의 묘를 살리는 것이 중요하게 대두될 것이다.

또한 농업 지원사업을 농업 개발지원사업으로 전환하기 위해서는 국제사회를 포함한 남북 참여주체들이 북한농업 개발의 방향에 대해 솔직하고 풍부하게 논의·합의하는 과정이 반드시 필요하다. 북한농업의 개발 및 발전전략은 다양할 수 있다. 남측의 농업정책이나 농업 발전방향만을 염두에 두고 일방적으로 이에 대한 구상을 강조하는 것에는 큰 무리가 따를 수 있다. 동시에 현 북한정부의 의도에만 맡겨서는 농업 개발지원사업이 효과를 보기 어려운 측면도 존재한다. 사업효과 면에서 국제사회의 역할 역시 언어의 장벽이나 접근성의 어려움이 따른다. 따라서 개발지원사업의 본격화를 위해서는 북한의 현 조건에 대한 냉철한 인식과 분석을 공유하는 것부터 시작하여, 효과적인 방안을 다각적으로 검토, 상호 합의하여 지원사업을 전개하는 것이 반드시 필요하다.

한편 북한농업 개발지원사업은 북한경제를 회복시키기 위한 전체적 개발지원사업의 한 부분으로서 역할이 수행돼야 한다. 북한농업의 발전전략에 대해서는 다양한 의견이 있을 수 있지만 북한농업의 현 문제들이 농업분야에만 천착해서 해결될 문제가 아니라는 데 이견이 있을 수 없다. 따라서 농업 개발지원사업은 농업 외 분야의 제반 경제 개발지원사업과 호흡을 같이 해야 한다. 다만 농업분야의 개발이 현재 북한의 주요한 의제가 되고 있는 만큼 북한농업 개발지원사업은 북한 전체의 경제 개발지원사업을 불러일으키고 이를 선도하는 역할을 맡게 될 가능성이 높다 할 것이다.

2) 남북농업 교류협력사업의 점진적 활성화

남북농업 교류협력사업은 북한농업 지원사업만큼 시급함을 요하는 사안은 아니다. 북한농업의 발전 없이 남북농업의 상생이 보장되지 않기 때문이다. 특히 남북농업 교류협력의 큰 부분을 차지하는 교역, 계약재배 및 투자협력사업 분야는 일정 정도의 수준을 지닌 북한농업이 전제될 경우 활성화될 수 있다. 따라서 남북농업 교류협력은 북한농업 개발지원사업과 긴밀한 연계를 지니고 전개될 수밖에 없다. 그렇다고 북한농업이 일정 수준에 오를 때까지 남북농업 교류협력사업에서 손 떼자는 말은 아니다. 농업 교류협력사업과 관련하여 이미 남북 간 합의를 마치고 구체적 실천만을 앞두고 있는 사업들을 점차 실행에 옮겨야 한다.

앞서 언급한 바와 같이 유전자원의 교환·수집·보존 등은 매우 의미 있는 교류협력사업이다. 더불어 동식물 검역 및 방역에 대한 협력 체계를 구축하는 문제 역시 하루빨리 수행되어야 할 일이기도 하다. 이러한 농업 교류협력사업을 활성화하기 위해서는 정부 당국 간의 합의와 책임 있는 집행이 필수적이다. 양 정부 간의 합의와 집행의지가 전제되지 않고서는 실행이 불가능한 일이기 때문이다. 따라서 남북경제협력공동위원회의 남북농수산협력분과위원회를 정례화하고 위원회의 활동을 뒷받침할 집행기구 등을 실질적으로 구성하는 데 적극 나설 필요가 있다. 또한 위원회에서는 기초적인 교류협력사업의 진행과 더불어 교역, 계약재배 및 투자협력사업이 활성화될 수 있도록 3통(통행, 통관, 통신) 문제, 안정적 투자보장 문제 등에 대해 북한과 남한이 적극 협의함으로써 남북의 농업 관련 기업 및 종사자들의 교류협력이 활성화될 수 있는 제도적인 틀을 마련해야 할 것이다.

더 나아가 초보적 수준의 교류협력을 통해 상호 간의 신뢰 및 교류협력 노하우가 정착되면 급격한 여건 변화에 남북이 적극적으로 공동대처하는 길이 열리게 될 것이다. 식량안보 문제를 공동으로 대처하기 위해 남북한 정부가 공동농업정책을 펼치는 문제를 협의할 수도 있을 것이며, 해외농업 개발 등의 활동에 공동으로 임할 수도 있게 될 것이다.

이처럼 남북농업 교류협력사업은 일거에 큰 성과를 거두기보다 북한농업의 발전과 남북관계의 개선양상에 따라 점진적으로 성과를 거둘 가능성이 크다고 하겠다. 나아가 교류협력이 발전할수록 남북 간의 정치적·사회적 통합 역시 눈앞에 성큼 다가오게 될 것이다.

3) 북한농업 개발지원과 남북농업 교류협력의 연계 강화

북한농업 개발지원과 남북농업 교류협력사업의 추진 체계와 추진 주체가 구별되더라도 양 사업에는 긴밀한 연계 속에서 추진되어야 하는 특성이 있다. 그러므로 북한농업 개발지원사업이 본격화될수록 농업 교류협력사업과의 연계를 적극적으로 강화해야 한다. 농업 개발지원을 통한 북한 지원이 진일보와 지속적인 발전으로 이어지기 위해서는 이들 사업과의 연계가 반드시 요구되기 때문이다. 특히 북한이 남측의 개발지원을 남측에 대한 예속으로 우려하는 상황에서는 계약생산을 통한 판로 확보, 농자재 생산, 유통 현대화 등을 중심으로 한 남측 기업들의 대북한 투자가 원활해질 수 있도록 하는 문제가 중요하게 대두될 것이다.

동시에 북한 농림수산물의 반입(교역)과 남측과의 계약재배 등을 활성화시키기 위해서는 북한농업 개발지원사업을 목적의식적으로 추진할 필요가 있다. 특히 북한 지역에 큰 잠재력이 있는 것으로 판단되는 잠업 분야나 고랭지 채소, 사과, 감자 및 인삼 재배사업 등은 남측 기업들과의 후속 사업을 염두에 두고 개발지원사업이 계획·추진될 필요가 있다. 예를 들어 2009년 현재 개성공단 내에서 소비되는 농수산식품의 양이 상당히 많고 이 식품이 전부 남쪽에서 올라가고 있는데, 이 물량이 계약재배 등을 통해 북한 현지에서 공급되도록 한다면 안정적인 공급 체계 마련은 물론 북한농업의 선순환구조를 만드는 데도 큰 도움이 될 것이다. 이러한 점들이 현재 개성 송도리를 중심으로 전개되고 있는 북한농업 개발지원사업 추진과정에 적극 반영된다면 양 사업 간의 연계가 강화되고 시너지 효과도 극대화될 수 있을 것이다.

2. 북한농업 개발지원사업 활성화 대책

1) 남측 내의 사업 추진 체계 정비

북한농업 개발지원사업은 물론 농업 교류협력사업에 있어서도 가장 핵심적인 요소는 북한의 수용태도나 입장의 유연성이다. 그러나 한사코 북한의 태도 변화만을 바라보고 있을 수 있는 사안은 아니다. 즉, 북한이 두 사업에 대해 수용태도나 입장의 유연성을 발휘할 수 있도록 치밀하면서도 신뢰성 있게 접근하는 것이 필요하다. 이 같은 접근은 전략적 사고와 체계적이며 기동력을 갖춘 조직활동이 전제되었을 때 가능하다. 그간 진행된 북한농업 지원사업들

가운데 북한의 유연성을 이끌어낸 활동(예: 통일농수산사업단의 양돈산업 등)들이 존재하지만 아쉽게도 이러한 성과들이 온전하게 계승되고 축적될 만한 틀을 남측이나 북측에 마련하지 못하였다. 이를 극복하기 위해서는 북한농업 지원사업의 추진 체계를 재정비하는 것이 요구된다.

(1) 정부의 역할 강화

그간 민간단체나 지자체의 지원을 중심으로 한 많은 활동이 거둔 성과를 부인할 수는 없지만 활동이 각 단체별로 산발적으로 진행돼온 까닭에 지속적인 성과를 담보할 수 없는 점 역시 부인할 수 없다. 이는 정부 차원에서 치밀한 계획을 갖고 이러한 사업들을 잘 조직하고, 일관된 방향 하에서 체계적으로 지원하기보다는 민간단체나 지자체가 중심이 된 활동을 보조하는 수준에서 그치고 말았다는 데 큰 원인이 있다. 이는 치밀하게 조직하고 대응하는 주도적 접근이라 보기 어렵다. 이러한 조건 하에서는 장기적인 전략과 계획을 수립할 수 없을 뿐 아니라 정치적 조건에 따라 사업 양이 폭주하는 때와 업무가 전혀 없는 때가 반복되는 양상을 띠게 된다.

2007년의 경우 당시 농림부에서 남북업무만을 전담하는 과를 신설코자 했고, 해양수산부의 경우 남북 업무를 전담하는 과가 있었지만, 2009년 현재 남북관계와 관련해 진행된 농림수산식품부의 업무가 한 건도 없었다는 점이 이를 증명한다. 이러한 사실들은 북한농업 지원사업에 대한 정부의 관점을 잘 말해준다. 즉, 농업 지원을 통한 북한농업의 실질적 발전보다는 남북관계에 전략적·전술적으로 활용하는 데 더 큰 의미를 두고 있는 것이다. 그러나 이러한 관점에서 추진되는 북한농업 지원사업에서는 결코 소기의 목표를 달성하기 어렵다. 왜냐하면 농업 지원사업에 임하는 북한 측 파트너에 합당한 사업 주체들이 전면에 나서지 않게 되고 대남기구가 이를 주관하는 현 상황도 개선되기 어렵기 때문이다.

한편 그동안 북한농업 지원사업을 진행해온 우리 정부의 주관부처 문제도 재검토되어야 한다. 그동안 정부 내에서 북한농업 지원사업과 관련한 사업심의, 사업결정, 사업평가 등은 통일부가 주도해 왔다. 또한 통일부는 대북 지원 민간단체협의회를 통해 북한농업 지원사업을 수행하는 민간단체와의 협력관계를 다졌다. 사실 농업분야의 주관부처인 농림수산식품부는 이러한 활동에 대해 보조하는 역할, 다시 말해 농업 전문성이 요구되는 사안에 대한 자문 및 협의에만 국한된 활동을 해왔다. 향후 북한농업 개발지원사업을 본격화하는 데는 사업진행의 형식적인 측면보다는 사업의 내용과 농업에 대한 전문성이 보다 큰 역할을 하게 될 것이므로, 그동안 보조적 역할에 머물렀던 농림수산식품부의 역할을 한층 강화할 필요가 있다(이태호 외 2009).

(2) 사업 참여주체의 체계적 역할 분담

한편 사업 체계를 정비하는 작업은 북한농업 개발지원사업을 본격화하기 위해서 반드시 이루어져야 할 것이다. 정부, 지자체, 민간단체 간의 불분명한 역할 분담을 보다 분명하게 함으로써 사업이 중복되지 않고 일관되게 전개될 수 있도록 해야 한다. 나아가 사업에 임하는 북한 측 파트너도 사업에 합당한 주체들이 전면에 나설 수 있도록 재조정되어야 할 것이다.

정부의 경우 통일부와 농림수산식품부의 역할 분담이 중요하다. 통일부의 경우 남북관계 전반을 고려하여 대북 정책의 큰 틀 내에서 농업 개발지원사업의 속도와 규모를 조정하는 역할에 집중하는 것이 필요하다. 반면 농림수산식품부의 경우는 북한농업 개발지원사업의 세부 사업 내용을 마련하는 데서 제 역할을 다하여야 한다. 2009년 현재 농림수산식품부의 경우 북한농업 개발지원사업을 전담하는 부서도 없을 뿐 아니라 민간단체 및 지자체와의 유기적인 협력관계에도 소홀하다. 농림수산식품부 내에 북한농업 개발지원 전담부서를 설치해야 하며, 산하의 주요 농업기관과 북한농업 개발에 참가하는 민간단체 등과의 유기적인 협력 체계도 시급히 갖출 필요가 있다(이태호 외 2009).

이처럼 정부 내에서 북한농업 지원사업의 주관부서가 통일부에서 농림수산식품부로 전환되면 북한농업 지원사업의 북한 측 파트너 역시 대남기구에서 농업성으로 전환될 수 있는 여지가 크다고 볼 수 있을 것이다.

그간 북한농업 지원사업을 벌여온 민간단체와 지자체의 역할 역시 개발지원사업의 본격화와 더불어 재조정되어야 한다. 그동안 민간단체와 지자체가 축적해온 경험과 지식, 북한 측과 형성된 신뢰성 등은 적극 계승, 활용되어야 할 것이나 현재처럼 국소적·산발적·단기적 활동에만 머물게 해서는 안 될 것이다. 즉, 농업 개발지원사업의 전체적인 계획 속에서 민간단체 및 지자체의 전문성과 대중성, 북한과의 지역적 상호관계(예: 북강원도와 남강원도) 등을 고려하고 사업지원단으로서의 역할도 적합하게 수행할 수 있도록 해야 한다.

2) 북한농업 개발(지원)사업에 대한 남북한 정부의 공동계획 수립

남북은 이미 2007년에 남북농수산협력분과위원회의 합의서 및 남북농업협력 자재·장비 제공에 관한 합의서를 채택한 바 있다. 이 합의서들은 농업협력이란 이름 아래 농업 개발성격을 지닌 일부 사업과 농업 교류협력사업 등을 포괄하여 협력하기로 합의하고 있으며 이는 소중한 성과임에 틀림없다. 그럼에도 북한농업 개발지원사업의 필요성에 대한 상호 간의 인식을 공유하고, 비전과 전략을 명확하게 밝히지는 못하였다. 농림수산 분야에서 상호 협력하기로 했다는 사실을 천명하는 한편 연관성 있는 사업들을 나열하고 있을 뿐이다.

따라서 북한농업 개발지원사업에 대해서는 자재와 장비 제공에 대한 합의 외에는 구체적으로 논의된 바가 전혀 없다고 봐도 무방하다. 양 정부 차원에서 사업목적을 명확히 공유하고, 이를 위한 구체적인 사업에 합의하지 못하면 지속적 발전을 담보하기 어렵다.

한국의 경우 그동안 북한정부의 생산성 증대 및 농업 개발 의지와 능력을 확인하고자 했고, 북한의 경우 한국정부의 지원에 대한 진정성을 의심하면서 지원물자에 대해서만 관심을 표명해 왔다. 이러한 상황에서 민간단체의 활동만 의미 있는 것으로 간주되어온 것은 어찌 보면 당연한 귀결이다. 북한농업 개발지원사업은 현 북한정부의 존폐나 유지 등과는 무관하게 진행되어야 할 사안인 것으로 사료된다.

따라서 향후 북한농업 개발지원사업을 본격화하기 위해서는 북한농업 개발지원사업의 필요성을 상호 간에 정확하게 인식하고, 지원사업의 목표 및 방향과 사업계획 등에 대해 합의하고, 지원사업에 임하는 남측과 수혜자로서의 북측이 서로 과제를 분명히 할 필요가 있다. 장기적인 목표, 방향, 계획 등까지는 수립하지 못하더라도 최소한 5개년 단위의 이른바, '북한농업 개발(지원) 사업계획' 정도는 공동으로 마련할 필요가 있으며, 이에 기초하여 사업이 전개되어야 할 것이다. 특히 어느 일방이 사업계획을 작성하여 제시하는 방식이 아니어야 할 것이다. 사업계획을 수립하기 위한 현장 실사부터 공동으로 진행하고, 현 북한정부가 추구하는 농업정책의 방향, 바람직한 개선방향 등을 전체적으로 고려하여 계획을 마련하는 것이 바람직하다. 현재 남측에서 거론되고 있는 거점지구 농업 개발[6], 농업협력특구 건설[7], 잠업 및 감자재배 등의 농업 개발 중점사업 추진 등 북한농업 개발을 위한 전략과 다양한 사업계획도 공동의 계획수립 과정을 통해 남과 북이 함께 논의하고, 검토하고, 확정할 때 실천력을 갖게 될 것이다.

3) 북한농업 발전전략과 관련한 연구 활성화

북한농업의 발전방향에 대해서는 풍부한 연구 및 논의가 좀 더 활성화되어

---

6 거점지구 농업 개발사업이란 한정된 재원을 효과적으로 활용하여 농업 개발지원의 성과를 극대화하기 위해, 지역단위 농업 개발지원사업의 경우 많은 지역에 소규모로 분산시켜 사업을 진행하기보다는 거점지구 중심의 농업 개발사업에 집중하자는 것이다. 예를 들어 금강산을 중심으로 한 동부권, 개성을 중심으로 한 서부권을 주요 거점 지역으로 상정할 경우, 접근성·지속성·발전가능성·시장성 등의 측면에서 많은 장점이 있다는 것이다(이태호 외 2009).

7 농업협력특구 건설사업이란 거점지구 농업 개발지원의 성과에 따라 농업 개발지원을 광역단위 농업협력특구 방식으로 확대하여 개발지원 및 교류협력사업을 진행하자는 것이다. 동부권의 경우 금강산과 그 인근 지역인 통천, 안변 및 원산을 포함하는 동부권 농업협력 특구로, 서부권의 경우 개성을 개성 인근 지역인 해주, 사리원 등을 연계하는 서부권 농업협력 특구로 확대하는 방식을 의미한다. 위와 같음.

야 할 상황임에도 불구하고 그렇지 못한 실정이다. 북한이 붕괴할 것이라던 1990년대 중반, 붐처럼 일어났던 북한농업에 대한 연구열풍을 제외하고는 이렇다 할 연구가 진행되지 못하고 있다. 북한 스스로 이러한 문제에 대한 연구와 토론을 활발히 벌인다면 더할 나위 없이 좋겠지만 현실적으로 불가능하다.

연구역량을 갖춘 남한에서는 2009년 현재까지 농업기술 위주로 진행되어 온 한계를 넘어 북한농업 발전을 위한 대안과 논의의 대상을 더욱 확대하여 연구를 진행할 필요성이 매우 크다. 특히 농업분야의 하부구조 개선방향에 대한 연구가 필요하다. 예를 들어 자급 달성 후 수출농업을 지향하는 것과 유기농업에 기반한 쿠바식 개발방식 도입의 비교연구, 대규모농과 소규모 가족농의 문제, 협동농장의 현실과 과제, 토지사유화와 국유화의 문제까지, 폭넓은 영역에서 정책적·학문적으로 다양한 연구가 진행되어야 할 것이다. 그러나 남북한 간의 개발지원과 교류협력이 활성화되어야 할 시점에서 이러한 논의가 적어지는 것은 문제점이라 아니할 수 없다. 체제의 문제가 민감하더라도 덮어놓고만 있을 문제는 아니다. 농업 지원사업의 성과를 위해서는 반드시 해결되어야 하는 중·장기적 문제이기 때문이다. 특히 학문적 입장에서는 이러한 문제에 대해 더더욱 자유롭고, 활발하게 논의될 수 있어야 한다. 북한농업 지원 및 남북교류협력이 시작된 지 10여 년이 지났으나, 이러한 문제에 대해 깊이 있는 연구가 꾸준하게 진행되지 못한 채 시류를 탔던 점, 그리하여 북한농업 발전전략과 관련해 정립한 변변한 이론조차 없는 점에 대해 정부의 관련 부처는 물론 농업분야의 학계 역시 심각하게 성찰해볼 필요가 있다. 북한의 당면 농정과제를 효과적으로 추진할 수 있는 지원 내용, 즉 정책적 수요에 따른 연구는 물론 미래의 환경 변화나 미래적 수요에 대응하는 북한농업 지원방안 등이 깊이 있게 연구, 제시되어야 할 것이다. 이러한 과정을 통해 북한농업 개발지원의 중·장기적 로드맵도 실효성 있게 마련할 수 있을 것이다.

4) 남북협력기금의 용도 전환

1991년 250억 원으로 설치된 남북협력기금은 지난 2008년 9월까지 총 9조 4,715억 원이 조성되었으며 그중 8조 2,000억 원이 집행되었다. 이 중 4조 4,221억 원이 경수로계정이었으며, 남북협력계정은 3조 9,887억 원에 불과했다. 남북협력계정 중 인도적 지원에 1조 9,945억 원이, 남북 경제협력에 1,054억 원이 집행되었다. 인도적 지원 중 식량 지원과 비료 지원에 집행된 금액은 1조 7,000억 원으로 이는 남북협력계정의 43퍼센트를 차지하는 금액이다. 또한 인도적 지원을 위하여 국제기구에 1,934억 원, 민간단체에 906억 원이 집행되었다. 민간단체의 지원 중 농업 지원은 아니지만 식량 또는 농업과 관련성을 가진 민간단체에 대한 지원은 487억 원 수준이었다. 2005년부터 매년 1조 원 이상 집행되어오던 남북협력기금은 2008년도에 급감하였는데, 2008년에는 9월까지 2,509억 원이 집행되었다.

그간 식량 지원과 비료 지원에 사용되어온 남북협력기금의 남북협력계정을 이제부터는 북한농업 개발지원사업에 본격적으로 투입해야 할 것이다. 이는 인도적 지원으로부터 개발지원으로의 전환을 요구하는 북한의 최근 입장에도 부합될 뿐 아니라 그동안 남북협력기금의 투명성과 관련해 불거졌던 숱한 논란을 불식시키는 측면에서도 큰 역할을 하게 될 것으로 기대된다.

5) 북한농업 개발지원에 공적개발원조(ODA)를 적용하는 방도

우리나라는 OECD 가입 14년 만에 원조받는 국가에서 주는 국가로 전환함으로써 전 세계 역사상 유례없는 상황을 창출하였다. 앞으로 ODA자금을 더욱 확대한다는 의지와 계획 아래 후발 선진국으로서의 역할을 강화하기 위해 노력하고 있다. 이러한 조건에서 우리 정부는 ODA자금을 북한농업 개발지원에 활용하는 방안을 적극 모색할 필요가 있다. 현재 이와 관련한 논의가 시작되는 단계에 있으나 북한을 상대로 인도적이고, 다(양)자적이고, 외교적인 성격을 띤 국가활동으로서의 ODA가 과연 가능할 것인가 하는 것이 주요한 논점으로 대두된다. 이는 북한을 대상으로 ODA자금을 집행할 경우 여타의 수원국과는 달리 정치적·사회적·경제적·외교적·안보적 성격을 띤 복합적 행위로 성격 지워지기 때문이다(진영 2008).

그럼에도 불구하고 1995년부터 2008년까지 북한에 지원한 8조 8,000억 원 중 무상지원이 2조 1,000억 원에 달했다는 점에 기초할 때 남한의 대북 지원은 이미 ODA의 성격을 강하게 띠고 있다. 통일을 지향하는 관점에서 북한을 정상국가화하는 것이 필요하고, 정상국가화하기 위해서는 북한 스스로 자립할 수 있는 토대를 갖추는 것이 가장 중요하다는 점을 인식할 때, ODA자금을 북한 지원에 사용할 수 있는 정당성은 충분히 조성되어 있다고 봐도 무방할 것이다. ODA자금을 늘려야 하는 한국의 입장이나, 국제사회로부터 정상국가로 인정되는 것이 필요하고, 무엇보다도 도움의 손길이 절실한 북한의 입장을 고려할 때, ODA자금을 대북 지원에 활용하는 것이 불가능한 일만은 아닐 것이다. 북한의 수용의지 확인 등 몇몇 문제점들을 해결하고 ODA자금을 북한에 적용하게 된다면 북한농업 개발지원사업의 경우 훨씬 큰 탄력을 받게 될 것으로 사료된다. 따라서 ODA자금을 북한농업 개발지원에 활용할 수 있는 방안을 적극적으로 모색해볼 필요성이 크다.

6) 대북한 농업 개발 국제기구와의 협력 강화

그동안 국제식량농업기구(FAO)를 중심으로 세계식량계획(WFP), 국제농업개발기금(IFAD) 등은 북한농업 개발을 수행하면서 많은 정보와 경험을 축적해 왔다. 더욱이 이들 국제기구는 북한 내부에 상주사무소를 두고 있기 때문에 북한농업에 대한 구체적인 정보가 상대적으로 풍부하게 축적되어 있다고 볼 수 있다. 더불어 2009년 현재로서는 북한 지역 내부에 대한 접근성이 남한에 비해 상대적으로 앞서 있다. 따라서 북한농업 개발지원사업을 본격화하기 위해서는 이들 국제기구와의 적극적인 협력방안을 모색할 필요가 있다. 이들 국제기구와의 적극적인 협력은 북한농업 개발지원사업을 계획하는 단계부터 북한과의 개발협력을 원활하게 추진할 수 있는 노하우 획득에 이르기까지, 큰 도움이 될 것이다. 한편 국제기구와의 협력은 북한농업 개발의 효율성을 높이기 위한 경험과 지식을 공유할 수 있을 뿐더러 북한농업 개발지원사업에 대한 국제적 컨소시엄 형성과 재정지원도 확보해줄 것이다.

7) 관련제도 정비

북한농업 개발지원사업과 관련된 제도를 정비할 필요가 있다. 현행 통행, 통신, 체류, 운송 등의 측면에서 현장접근성 및 물자운송의 효율성을 높일 수 있는 조치들이 마련되어야 할 것이다. 특히 남북 간 물자의 육로운송에 관한 합의가 최우선적으로 이루어져야 할 것이다. 이는 운송비 절감을 통한 실제 사업비의 감소로 이어지는 효과를 가져오기 때문이다(이태호 외 2009).

또 「남북관계발전기본법」이나 「남북교류협력에 관한 법률 및 관련 법규」에 북한농업 개발지원사업에 대한 사항들이 없는 까닭에 본 사업에 대한 법적 뒷받침이 매우 미흡하다. 향후 북한농업 개발지원사업을 보다 안정적이고 지속적으로 진행하기 위해서는 남측이 법률 개정을 단행하여 이와 관련된 사항을 명문화할 필요가 있을 것이다. 이러한 법 개정 활동은 남북협력기금의 효과적 활용을 위해서도 반드시 요구되는 부분이다.

3. 남북농업 교류협력사업 활성화 대책

1) 합의 내용 실천 방안 마련

북한농업 개발지원사업과는 달리 남북농업 교류협력사업은 기존의 합의 내용을 토대로 사업을 전개할 필요가 있다. 앞서 언급한 바와 같이 2007년 남북 간에 합의한 내용에는 농업 교류협력과 관련하여 훌륭한 사안이 많이 담겨 있는데, 그중 유전자원 공동 관리, 동식물 검역 및 방역 체계 정립, 농업과학기술 협력 등 당장 실현 가능한 사업들부터 실행할 수 있도록 준비하여야 한다. 이들 계획을 구체화하는 과정 역시 북한농업 개발지원사업과 마찬가지로 공동으로 조사하고, 실행계획을 수립할 필요가 있다. 일방적인 자재와 기술 지원만으로는 지속적인 교류협력의 활성화를 보장할 수 없기 때문이다.

교류협력에는 지원사업과는 다른 측면이 분명 존재한다. 즉, 쌍방성이 핵심적인 요소이므로 북한과 공동으로 모색하고, 실천하는 데 중점을 두는 것이 중요하다. 농업분야의 교류협력은 비정치적인 부분이 많기 때문에 이것의 실천방안을 강구하는 것은 향후 남북 간의 긴장구도를 해소하고, 진일보한 관계를 마련하는 데 초석으로서 중요한 역할을 하게 될 것이다.

2) 주관기관의 명확화

남북농업 교류협력사업의 경우 참여기업의 활동이 활발하게 이루어지기 전까지는 양 정부 사이의 합의와 실천이 매우 중요한 역할을 한다. 따라서 북한농업 지원사업과 마찬가지로 정부 내의 주관부처가 남북농업 교류협력사업을 확고히 책임지는 것이 중요하다. 농림수산식품부는 농림수산식품 전 분야의 주무부처이기 때문에 농업분야의 남북 교류협력사업에서도 중심적인 역할을 수행해야 할 것이다. 따라서 북한농업 지원사업과 더불어 남북농업 교류협력사업을 기획하고 실천과정을 이끌어갈 전담부서를 농림수산식품부에 설치하고 이 부서가 북한과의 협상에서 주도적인 역할을 할 수 있도록 준비해야 할 것이다.

3) 관련제도 정비

북한농업 개발지원사업의 성과를 토대로 하여 농업분야의 상업적인 교역 및 투자협력이 활성화되기 위해서는 이와 관련된 제도들이 개선되어야 할 것이다. 남측의 경우 북한산 농산물 반입제도, 자금 대출 및 지원, 손실보조제도 등이 개선 혹은 마련되어야 한다. 북한의 경우에는 남한과의 농업분야 투자협력에 적용되는 법령을 투명하게 고시하고, 남한의 농업투자진출 기업에 대한 세금규정, 노동규정, 보험규정, 통행 및 현장 접근성 보장 들의 조치 등을 마련하는 것이 요구된다.

4) 농업 · 농촌 통계시스템 구축 지원

향후 농업 교류협력사업이나 북한농업 개발지원사업이 활성화되는 데 가장 필요한 조치 중의 하나는 북한 농업·농촌의 현실을 정확하게 파악하는 것이다. 대부분의 사회주의 국가들은 정확한 사실을 알려주는 통계를 매우 불편하게 여겨 왔다. 특히 농업분야의 경우 계획 대비 생산량에 대한 과도한 집착으로 인해 관련 통계자료의 신빙성이 떨어지는 편이다. 통계에 대한 의도적 왜곡이나 회피는 사회주의 국가의 일반적인 특성이며, 북한의 경우도 예외가 아니다. 그동안 외부의 위협을 이유로 들어 통계 공개를 꺼리는 것으로 알려졌으나, 그 배경에는 현 체제의 유지를 위한 불가피한 사정이 자리 잡고 있을 여지가 매우 많다. 설령 그렇지 않다 하더라도 오늘날의 북한은 경제난으로 인해 농업·농촌의 상황에 대한 통계 집계 자체가 더더욱 불가능해졌을 것으로 사료된다.

현재 우리나라와의 농업협력사업을 활발히 모색하는 아시아 국가들의 경우에서도 통계자료의 부재나 낮은 신뢰도가 문제되는 것처럼 한 나라의 통계 수준은 국력을 대변하는 대표적 상징이다.

따라서 제대로 된 통치와 경제복구를 원한다면 통계시스템을 제대로 구축하는 것이 매우 중요하다. 이와 관련하여 농업·농촌 통계작업에 대한 현 북한 정권의 의지와 능력을 우선 파악하는 것이 필요하다. 만약 통계시스템을 구축할 용의가 있다면 이에 대한 지원이 어느 사업보다도 우선시되어야 할 것이다. 이는 교류협력사업은 물론 북한농업 개발지원사업에서도 지속적으로 문제시되는 기본 사안이기 때문이다. 설령 현 북한정부가 통계시스템을 구축할 의지를 전혀 보이지 않는다 할지라도, 적어도 농업·농촌과 관련된 영역에서만큼은 통계시스템이 구축될 수 있도록 기회 있을 때마다 끊임없이 설득하고 요구해야 할 것이다.

제6장

요약 및 결론

본 연구서는 그간 진행되어온 북한농업 지원사업과 남북농업 교류협력사업을 구분하여 정의하고, 그간의 사업진행과정 및 성과와 한계를 각각 살펴보았다. 북한농업 지원과 남북농업 교류협력을 구분하여 정의하고자 했던 가장 큰 이유는 남북관계를 개선하고 목표한 바를 달성하기 위해서는 전략적·단계적 사고의 틀이 필수적인데, 혼동되지 않고 명확하게 정의된 개념을 사용하면 이에 도움 될 수 있을 것이라 보았기 때문이다.

아쉽지만 그간 높은 타당성을 지니고 수행되어온 북한농업 지원사업의 경우 새로운 위기 국면에 봉착해 있으므로 개발지원으로 본격화될 가능성이 불투명하다. 이의 배경에는 북한농업의 생산성 증대 및 개발 전략에 대한 남북한 간의 합의부재가 자리 잡고 있다. 그간 제대로 갖추어지지 못한 사업 진행체계에도, 북한의 식량위기 완화에 기여하고 농업 농촌에 대한 정보를 축적하는 등의 긍정적인 성과를 내왔다. 그러나 정치적 상황 변화에 대한 의존성이 지나치게 크고, 사업 대상 지역이 협소하며 지속적 발전 가능성이 불확실할 뿐 아니라 필요 물자의 임시적·직접적 지원이 중심적인 역할을 해왔다는 한계점들이 존재한다.

한편 농업 교류협력사업의 경우 남북에 공히 이익이 되면서 서로에게 절실한 내용들이 다뤄지는 분야이기에 타당성이 높은 사업이다. 관련제도나 규범이 미흡하고, 북한농업 지원사업과 독자적으로 전개되어 실효성이 상실된 점, 남북 간의 정치적 관계에 따른 부침의 반복 등이 매우 아쉬운 점으로 평가되지만 남북한이 그 활동의 필요성에 대해 서로 합의점을 도출해낸 것은 높이 평가된다. 향후 남북농업 교류협력사업이 본궤도에 오르기 위해서는 통일을 지향하면서도 안정적으로 분단을 관리하는 정부 간의 적극적 노력이 필수적이다. 또한 북한농업의 수준을 질적으로 높이는 동시에 교류협력과 관련된 제도적 문제점들을 적극적으로 개선해야 할 것이다.

이러한 평가에 근거할 때 북한농업 지원사업 및 남북농업 교류협력사업의 향후 전개방향은 북한농업 개발지원사업의 본격화, 남북농업 교류협력사업의 점진적 활성화, 두 사업 간의 연계 강화 쪽으로 되어야 할 것이다. 한편 이들 사업을 활성화하기 위해서는 다양한 대책들이 필요한데 다음이 대표적인 사항이다. 첫째, 정부의 역할을 보다 강화하고, 사업의 추진 체계를 재정비할 필요성이 크다. 둘째, 북한농업 개발지원사업에 대해 남북한 정부 간 의견을 상호 교환하고 합의하여 공동계획을 수립할 필요가 있다. 셋째, 북한농업 발전전략에 대한 연구를 활성화해야 한다. 넷째, 남북협력기금의 남북협력계정을 북한개발지원사업에 본격적으로 투입해야 한다. 다섯째, 북한농업 개발지원사업에 공적개발원조(ODA)를 적용할 방도를 적극 모색할 필요가 있다. 여섯째, 북한농업 개발지원사업과 관련된 제도를 정비할 필요가 있다. 현행 통행, 통신, 체류, 운송 등의 측면에서 현장접근성 및 물자운송의 효율성을 높일 수 있는 조치들이 마련되어야 할 것이다. 마지막으로 향후 농업 교류협력사업이나 북한농업 개발지원사업을 활성화하기 위해 가장 필요한 조치 중의 하나는 북한의 농업·농촌의 현실에 대한 정확한 파악이다. 이를 위해 먼저 농업·농촌 통계작업에 대한 현 북한 정권의 의지와 능력을 우선 파악하는 것이 필요하다.

미흡하나마 북한농업 지원사업과 남북농업 교류협력사업과 우리가 나아갈 바에 대해 이 만큼이라도 논의할 수 있게 된 것은 2000년도 이후 광범위하게 전개된 경험이 뒷받침되었기 때문이다. 이는 남북 간의 경색국면에 살고 있는 오늘날의 우리에게 많은 시사점을 주는 매우 소중한 자산이 아닐 수 없다. 하루 빨리 북한농업 개발지원사업과 남북농업 교류협력사업이 본격화될 수 있는 여건이 조성되기를 간절히 바란다.

본 연구서를 통해 그간 진행되어온 북한농업 지원사업 및 남북농업 교류협력사업을 남북 모두의 입장에서 구체적으로 평가하고 발전방향을 모색하고자 하였다. 그러나 연구가 본격화될 무렵 남북관계가 급격히 경색됨에 따라 애초에 기획했던 북한 측 사업담당자들과의 면담은 아쉽게도 이루어질 수 없었다. 본 연구를 통해 북한 측의 평가의견을 수렴하려던 계획은 개성 송도리 협동농장을 1회 방문하여 진행상황을 직접 목격하는 것으로 대체되어야 했다. 따라서 관련자료를 확보하고, 이를 분석하는 과정에서부터 남측 내 관련 기관 및 전문가들의 의견에 국한될 수밖에 없는 한계를 지니고 출발하였다. 북한농업 개발지원사업 및 남북농업 교류협력사업의 발전을 위해 남북한 관계자들 모두의 의견을 수렴하여 총체적으로 평가하고 발전방안을 제시하는 것은 우리 모두의 숙제로 남기고자 한다.

그럼에도 본 연구가 의미 있는 이유는 남측 내 여러 전문가의 솔직한 견해 덕분이다. 남측 내 북한농업 전문가들의 경험과 견해는 북한의 평가의견을 접할 수 없는 상황에서 사업에 대한 평가를 내실화하는 데 큰 도움이 되었다. 본 연구과정에 도움을 주신 통일농수산사업단, 우리민족서로돕기운동본부, 경기도 남북협력 담당관실, 월드비전, 굿네이버스, 한국농촌경제연구원, 농촌진흥청 등에 속해 있는 북한농업 전문가들께 이 자리를 빌려 다시 한 번 감사의 말씀을 드린다.

참고문헌

강동완(2009), 「지방자치단체의 남북교류협력사업 발전방안」, 『지방자치단체 남북교류협력사업 10년의 성과와 향후 발전 방향』세미나 자료집, 경기개발연구원, (사) 남북협력제주도민운동본부.

고성준 외(2006), 『제주특별자치도의 남북경제교류협력 모색』, 남북협력제주도민운동본부.

고성준 외(2008), 『남북한 관계 발전과 지자체의 역할』, 남북협력제주도민운동본부.

구영록(1999), 『한국의 국제정치환경』, 서울대학교출판부.

구영록(2000), 『한국과 햇볕정책』, 법문사.

권태진(2009a), 「농업분야 남북교역 및 투자협력 방향」, 『남북 농림수산 분야 교류협력 전망과 과제』, 2008년 11월 12일 심포지엄 자료집, 남북농림수산물사업협의회/통일농수산사업단.

권태진(2009b), 「한반도 농업협력: 가능성과 한계」, 『남북농업기술의 변화와 남북한협력방안』, 제5차 남북농업전문가워크샵 자료, 강원대학교 남북농업협력위원회·농업생명과학연구원.

권태진·김영훈(2007), 『남북한 농업개발협력 추진 방안 연구』, 한국농촌경제연구원.

권태진 외(2008), 『남북한 농수산분야 경제협력사업 추진실태와 활성화 대책』, 한국농촌경제연구원.

김진근(2006), 『경남의 농업분야 대북지원사업의 평가와 정책방향』, 경남발전연구원.

김영훈(2009), 「지방자치단체 대북농업지원사업의 현황과 발전방안」, 지방자치단체 남북교류협력 10년 백서 편찬을 위한 전문가 간담회 자료, 우리민족서로돕기운동.

김영훈 편(2007), 「남북 농업교류협력 10년 성과와 과제 토론회 결과」, 한국농촌경제연구소.

박영복(2008), 「교역 및 경협사업의 활성화를 위한 실행방법 제언」, 『남북 농림수산 분야 교류협력 전망과 과제』, 2008년 11월 12일 심포지엄 자료집, 남북농림수산물사업협의회/통일농수산사업단.

박형중 외(2008), 『국제사회의 개발지원 이론과 실제: 북한개발지원을 위한 모색』, 통일연구원.

서유상(2008), 「대북지원사업 이상기류 - 북, 지원사업 평가하면서 새로운 기준 마련한 듯」, 『월간 민족 21』제85호, (주)민족21.

신동완 외(2001), 『남북한 농업기술 교류 협력방안 연구』, 통일연구원.

우리민족서로돕기운동본부(2008), 『남북관계와 시민사회』, 우리민족서로돕기운동본부.

이규창(2008), 『남북교류협력 관련제도 개선방안 - 협력사업 및 내부관리체계를 중심으로』, 통일연구원.

이금순 외(2008), 『국제개발이론 현황』, 통일연구원.

이상근(2007), 「2007 남북정상회담과 경제협력-경상남도 대북 농업협력의 특징과 한계」, 『동북아 연구』12권, 경남대학교 극동문제연구소.

이정우(2006), 「누가 어떻게 북한을 통제할 것인가? 남북한 교류협력 증가와 대북 통제력 - 정책목표 아닌 교류협력의 결과로 만족해야 한다」, 『통일한국』2006년 2월호(통권 제266호), pp. 19-23, 평화문제연구소.

이태호 외(2009),『상생·공영의 남북 농업협력 발전방안 연구』, 농어업·농어촌특별대책위원회 연구용역, (사)통일농수산.

임혁벽(2002),「남북한 통일정책의 비교분석」,『남북한 통합론』, 인간사랑.

진영(2008),「대북지원, ODA방식으로 전환이 필요하다」,『북한 ODA(공적개발원조) 그것은 가능한가?』, 중앙대 민족통일연구소, 북한개발협력전문가포럼 주최 학술회의 기조발표문, pp. 6-8, 중앙대학교.

진행남(2008),「이명박 정부의 대북정책의 변화와 지자체 남북교류의 특징 및 과제」, 제주평화연구원.

최대석(2009),「대북지원, 개발지원 방식으로 전환해야 한다」,『민족화해』통권 제 41호, 민족화해협력범국민협의회.

최세문(2004),『보건의료분야 대북지원사업의 평가』, 서울대학교 보건대학원 석사학위 논문.

최수영(2002),『북한농업의 개발전략과 남북한 농업협력』, 통일연구원.

최영표(2001),「남북 교류·협력의 실상과 의미」,『정책과학연구』Vol.11. 단국대 정책과학연구소.

최용환(2007),「경기도 남북교류의 현황 및 평가」,『제주특별자치도의 국제-대북 교류 협력 증진방안』, 남북협력제주도민운동본부.

최용환(2008),『경기도 남북교류사업의 현황과 비전』, 경기개발연구원.

최용환 외(2009),『경기도의 남북경제협력사업 추진방안 연구』, 경기개발연구원.

통일농수산사업단(2008),『남북공동영농사업백서』(미발간), 통일농수산사업단.

통일농수산포럼(2001),『민간 농업교류의 활성화 방안』, 농림부.

통일부(2009),『남북협력기금백서 2008』, 통일부.

한국농촌경제연구원(2010),『KREI 북한농업동향』제11권 제4호, 한국농촌경제연구원.

찾아보기

ㄴ

ㅂ

ㅅ

ㅇ

ㅈ

▌Abstract ▌

Towards a Successful Inter-Korean Cooperation for Agricultural Development of North Korea: An Evaluation and an Approach

Jeong Nam Choi, Wanbae Kim,
Jin Li, Jangho Choi

This study is an evaluation of the joint agricultural activities between South Korea and North Korea by dividing it into the two categories of aid and exchanges–cooperation. The two categories are examined on the basis of their outcomes and limitations.

Since the chronic food shortage of 1990s up to 2007, the South Korean agricultural aid program for North Korea has greatly contributed in relieving the crisis that was rampant throughout North Korea. Such aid also gave light in understanding the real situation of North Korean agriculture. In spite of the aid of goods to the North, its limitations became evident in which the potential for developing the North through aid started to become more unclear. Such limitations were mainly due to the program's entire dependence on the unstable political environment and, moreover, to the comparatively confined boundaries of the program which decreases the possibilities of expanding various support for agricultural development.

It is essential that the government and the private sector cooperate to transform the North Korean agricultural aid program in order to improve agricultural support. It is essential that North and South Korea take joint action to establish future plans for this program, promote development strategies, and foster active financial support from investment sources such as the Inter-Korean Cooperation Fund and Official Development Assistance(ODA).

The inter-Korean agricultural cooperation programs had been considered a prosperous approach for the development of North Korean agriculture. However it has turned out to be unpromising due to the lack of systemization, unclear criteria, isolation and ineffectiveness of the program. This was compounded by the political tension between North and South Korean governments. Nevertheless, recent recognition of the importance of these activities by both North and South Korea show some sign of hope.

To foster North and South Korean agricultural cooperation, a new approach must be considered with more promising ideas. For the program to succeed, establishment of institutional strategy for accessibility, effective transportation of goods and an establishment of statistical recording are considered to be the main priorities. In addition, success of such program will enhance inter-dialogue which will improve and maintain mutual cooperation between North and South Korea.

This study is based on the agricultural aid program from South Korea that had been implemented over the past 10 years. It is also based on the experiences of agricultural cooperation and its analysis that had been gathered over the past 10 years. We hope that this study will contribute to the promotion of future joint agricultural activities of North and South Korea.

저자약력

최정남

현, 농림수산식품기술기획평가원 선임연구원
독일 Martin-Luther Universitaet Halle-Wittenberg 농경제사회학 박사
서울대학교 대학원 농경제사회학부 석사
서울대학교 원예학과 학사

◆ 논문
"Family farm ideology and the transformation of collective farms in East Germany" 외 다수

김완배

현, 서울대학교 농경제사회학부 교수
현, 한국농어촌공사 해외농업개발융자심의회 위원장
현, 경제정의실천연합회 중앙위원회 의장
미국 Pennsylvania University 농업경제학 박사

◆ 논저
『통일한국의 농업』(공저, 2004) 외 다수

리금

현, 서울대학교 농경제사회학부 박사과정 재학
(사)세계농정연구원 연구원 역임
서울대학교 농경제사회학부 석사

최장호

현, 미국 Oregon State University 박사과정 재학
서울대학교 농경제사회학부 석사